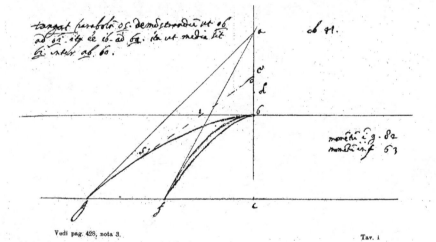

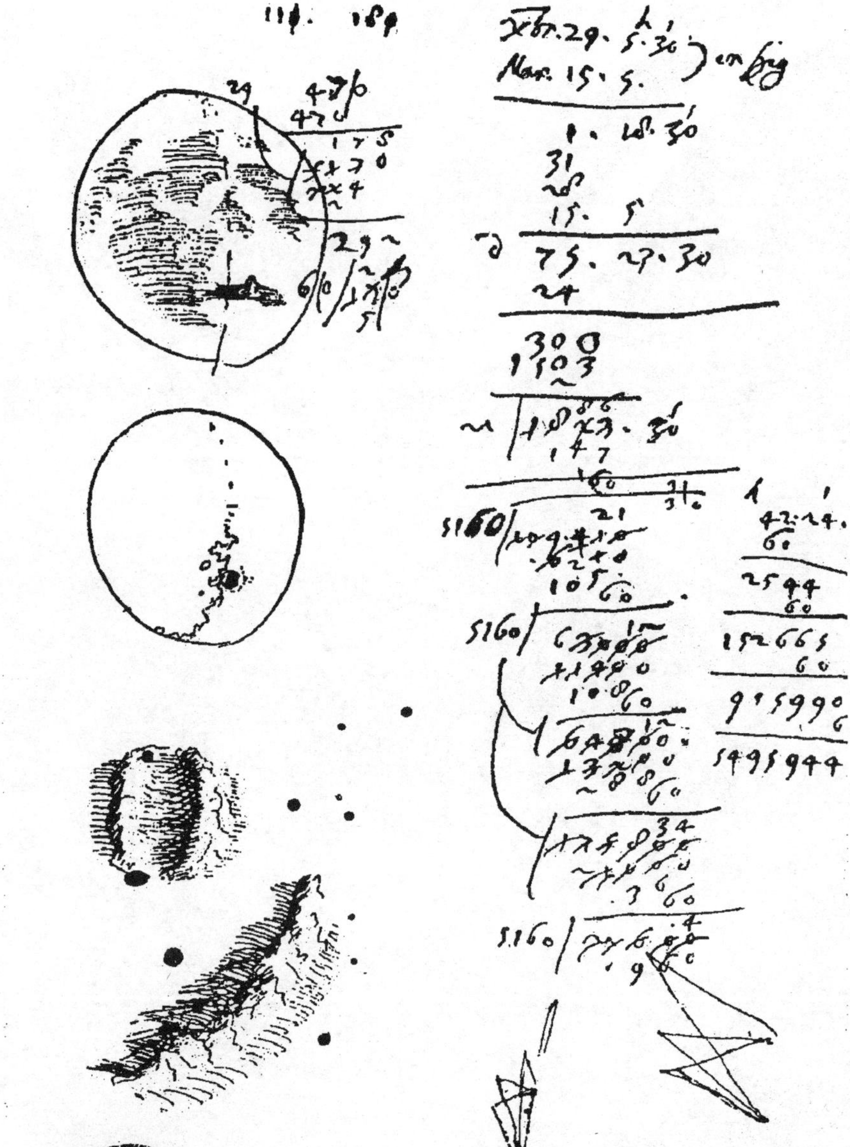

Xbr. 29. 5. 30
Mar. 15. 5.
1. 18. 30
15. 5
75. 27. 30
24

1611. Januarij

D.23. H.3. O * * * *

D.24. H.30' * O * * | H.5. * * O * : fuit ē auge ante Doukₜ hor.0.30

D.25. Ho.0.30. * * * O *

D.27. Ho.0.40. * * O * *

D.30. H.7. * O * * *

D.31. H.3. * * O *

D.2. Febr: H.0.30. * * O
H.4. sic * * * O *

D.3. H.30. * O * * *
Ho. 6. sic * O * * *

D.7. H 1. O * * * | F. proxē attollebat ē boream

D.9. H.5. * * * O *

目 录

让-皮埃尔·莫里

1937年生，2001年去世。曾在巴黎第七大学教授物理学。
著有多部物理学教材，以及许多通俗科学读物。
他所著的《地球如何变圆》和《牛顿》也收入本套法国原版
《发现之旅》丛书当中。

金志平

1957年毕业于北京大学西方语言文学系。现为中国社科院外国文学所编审，《世界文学》编委，中国外国文学学会理事，中国法国文学研究会理事。1958年开始发表作品。1982年加入中国作家协会。译作有法国作家巴尔扎克的《改邪归正的梅莫特》《双重家庭》，乔治·桑的《康素爱萝》《莫普拉》，莫里亚克的《蛇结》《身份》等小说。

伽利略

星际使者

[法] 让-皮埃尔·莫里　著

金志平　译

吉林出版集团股份有限公司 | 全国百佳图书出版单位

意大利的威尼斯，1609年5月。

兵工厂的码头上，工人们正在建造船舶。

这些船将把全世界的财富运到欧洲来。

有个人叫伽利略，他不时提问题，

试图了解一些机械的作用。

伽利略深信哥白尼的学说，

也在寻求方法使同时代人相信，

地球不是世界的中心，

它正围绕太阳运转。

第一章
伽利略，
哥白尼的信徒

　　如果地球在围绕太阳运转，像哥白尼所主张的，而不是太阳在围绕地球运转，像教会所坚持的，那么地球只不过是许多行星中的一个。出于对机械的爱好，伽利略发明了一种新的仪器——天文望远镜。他运用这种望远镜观察天空，使这个社会的大人物们感到惊奇（左页图），尤其看到天空中一些尚无人见过的事物，从而证实哥白尼的学说是正确的。

GYMNASII PATAVINI PARS EXTERIOR

17世纪初，帕多瓦与邻近的威尼斯一样，是人们精神生活的中心。著名的帕多瓦大学（左图）是欧洲一座非常古老的学府。帕多瓦的民众经常自由讨论，很关心科学的进步。在这个只要有人发表"偏激"（当时称为"异端"）言论，宗教法庭便无情搜捕的时代，像帕多瓦这样一个自由的地方是难能可贵的。伽利略置身于知识界和艺术界，在帕多瓦度过了一生中最幸福、最有成果的18年。

制造船舶必须有机械，滑车、绞车、绞盘、滚筒等，可以用它们来搬动巨大的重物，还必须有斜面，以便船只滑进水里，或把船从水里拖上来。这些机械都由人来操作，用绳索拉或者用杠杆撬。当时除了牛、马以外没有其他动力，而兵工厂里的人不太用牲口当动力。在这个时代，机械的原理属于数学的范畴，而数学、防御工事和天文学的理论，正是伽利略应在帕多瓦大学向学生讲授的。帕多瓦大学距离威尼斯约30千米。

伽利略是一位与众不同的教授

在我们的时代，看到一位大学教授上工地去观察一种机械，而此机械的原理是他授课的一部分，已经够稀罕的了。而在伽利略的时代，这更是难以想象的！对他的同事们来说，工人、工匠或水手阶层与大学教授阶层本来就风马牛

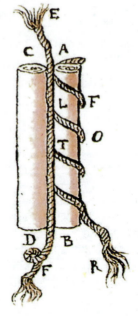

不相及，何况他们的教学只是解说古代著作，主要是公元前4世纪的亚里士多德学说。

　　可是伽利略本人并不这样想。他认为，物理学定律应当以实验为基础。如果所做的实验与亚里士多德的结论相反，他会毫不迟疑地指出亚里士多德的结论有误。

威尼斯的兵工厂是国有的，由共和国管理。兵工厂的1500个工人也建造战船和商船（下图为工匠们正在建造一艘帆桨战船）。

　　两千年来，科学的进步不大，然而技术从未停止进步，从兵工厂就可看出来。当时，伽利略在一架滑车上发现了一项新的改进措施。有种制动器，由一块木头制成，木头上挖了一道螺旋形的沟槽，沟槽里穿着绳子。这种构思来自何处？是在这里发明的，抑或是由另一个兵工厂的工匠带来的？这种装置如何正确操作？伽利略对此很感兴趣，并画了一张草图。威尼斯的艺匠们都认为他是个很好的画家。

左页下图，伽利略在兵工厂看到的一种制动器，用来改善复滑车（由两套滑轮组成的机械）的功效。将绳索缠绕在一根木头上，提升重物时产生摩擦，从而减缓重物的运动。

伽利略专心地工作，并且由于周围声音嘈杂，他没有听见敲钟声。但是影子变长了，差不多到赴约的时候了。

徒步去还是乘贡多拉？这天晚上，伽利略决定走路，沿着埃斯克拉冯码头闲逛。地中海港口的船员正围着装珍奇香料的包裹忙着。渔民们准备夜间出航。一群顽童兴奋地看着一条章鱼，那章鱼在墨黑的水中扭动。歌声从一扇打开的窗户传来，由琉特琴伴奏，琴声悠扬动听。伽利略辨认出那是一首熟悉的乐曲。过去在比萨，父亲教过他这首曲子。他的父亲温琴佐·伽利略是布商，也是音乐家，能作曲，还写过几本论和声学的著作。

伽利略走到总督府附近时，晚祷钟声才开始敲响。

过去300年间，威尼斯共和国的名望因海军而发扬光大。到17世纪初，这支享有盛名的海军已趋衰落。随着美洲大陆和远东海路的发现，世界贸易大道已远离地中海沿岸国家，而靠近大西洋海岸。威尼斯的商业凋敝了。在这幅威尼斯全景图上，可以清晰地辨认出兵工厂（图像右边）、圣马可广场及其钟楼（图像中心偏左处）。

莫罗西尼家族，原籍匈牙利，是威尼斯一个很古老的贵族家庭。在伽利略的时代，这个家族已经贡献了三任共和国总督。安德烈亚·莫罗西尼（下面肖像），自1598年起兼任共和国的史官。他是新知识的倡导者，在自家书房内接待来自全欧洲的自由思想家。布鲁诺应另一个贵族莫塞尼戈之邀来威尼斯避难，经常去莫罗西尼宫，直到1592年被这个邀请者送交宗教法庭。

为了早点儿赶到安德烈亚·莫罗西尼的宫殿里，他叫了一只贡多拉。贡多拉在大运河上前行，伽利略寻思着今晚将会遇见什么人。他无疑会见到萨尔皮，一位虔诚的史学家，并且是十人委员会的成员。

贡多拉停靠在莫罗西尼宫的水门口，伽利略走进燃着火炬的拱顶大厅。1609年5月这天的夜晚，他就要听到一条改变他一生的新闻：有个荷兰光学仪器商将两片透镜装在一根管子的两头，制成了一个玩具——望远镜。

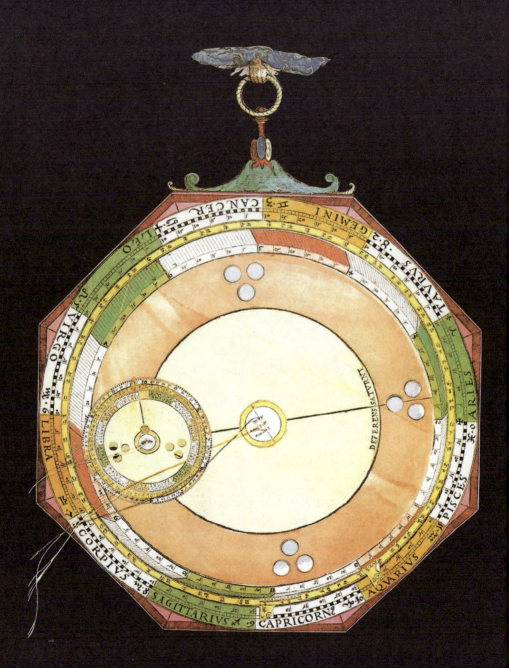

这两个16世纪制造的仪器，在伽利略发明望远镜之前为天文学家们所使用。左图为一种仪器，借由这一系列转圈，可找到任何日期天体在黄道带里的位置。右图的仪器是日月升落潮汐仪，用来测定白昼的长度，查明事件发生的天文时间。

对于当时所有的学者来说，望远镜不过是"一种没有前途的玩具"。伽利略不同意这种说法

当时，望远镜问世已有5年，最初由荷兰光学仪器商制造，而后逐渐传播开来，到1608年，巴黎的眼镜店里已有出售。但是这种望远镜仅用两片可以矫正视力的透镜制成，即使当作玩具也不算成功。它们只能放大两至三倍，而且显示的物像模糊变形，大家很快失去了兴趣。那么学者们呢? 荷兰和法国的科学家一定听说了望远镜，他们怎么未曾料到它会变成卓越的仪器呢? 答案令人吃惊。对于他们来说，不论哪一种光学仪器都没有价值，它甚至有害，只能让人看到与真实无关的假象!

伽利略一听到关于望远镜的大致描述，就着手开始制作。为什么呢? 首先，他没有那些人的成见。对他来说，实验是科学发现的首要方法。同时，他本来就对技术感兴趣。他不但在兵工厂仔细观察机械，几年来还发明制作了若干物理和数学仪器，其中有一个"几何和军事圆规"可做各种计算并绘图。

这把几何圆规（下图）由伽利略于1597年前后制造，是计算尺的前身，可以进行大量算术、代数运算，如计算利息，货币换算，统计面积、体积等。在巨大成就面前，伽利略于1606年同意散发60册他发明的几何圆规的使用说明书（上图）。

伽利略希望借望远镜来赚钱

他太需要钱了! 他的薪水非常微薄，仅是同一所大学医学教授薪水的十分之一! 他有3个孩子，最小的快满3岁了。此外，父亲去世后，他必须供养住在托斯卡那的亲属。要不是他给了年纪比自己小许多的妹妹们嫁妆，她们恐怕永远都嫁不出去。

因此，

伽利略不得不兼任家教，给一些有钱的学生个别授课。这些学生大多是贵族出身的外国留学生，大部分寄宿在伽利略家里，有时还带一个仆人。再加上制作几何圆规的工人马克·安东尼、家人、为学生抄写讲义的秘书和若干佣人，不难想象他家里乱糟糟的气氛。属于他自己的时间很有限。他在大学讲课，必须亲自编写所有的教材，因为就伽利略讲授的内容来说，并没有任何现成的课本！

　　尽管如此，他在这17年中做了许多实验，发现了一些重要定律，在研究物体运动方面颇有心得，但一直没有时间将他的发现编写成书。迄今为止，他所发表的文章只是一份几何圆规的使用说明。他甚至向朋友们抱怨，自己没有时间思考。

望远镜出现前，已经有人制作出一些没有镜片的天文仪器，可用来正确瞄准和测量夹角。

　　如果望远镜能带来足够的收入，那么他就不必再兼家教，也就有时间思考和写作了。他还有另一个更重要的理由必须制作一架望远镜：运用望远镜，他就可

以观测天空了。17世纪初期，科学界正酝酿着一场有关天空的辩论，两千年来占主导地位的旧观念正受到新学说——哥白尼学说的冲击。

伽利略是哥白尼的信徒

到了1609年，伽利略支持哥白尼的学说至少已有20年了。他尚未公开表达自己的态度，他甚至仍按照大学的教学大纲向学生们讲授托勒密的旧天文学，即地球静止不动，处在宇宙的中心。

为什么这样小心谨慎呢？首先，公开支持哥白尼的观点风险很大，因为这些观点不仅反驳了托勒密，之前还曾有过惨痛的教训：1600年，布鲁诺由于表示哥白尼的学说有一部分是可信的，被宗教法庭在罗马活活烧死。

当然，教会处死布鲁诺还有其他原因。但就伽利略来说，即使他公开维护哥白尼的学说，不见得会招来火刑，但是必定会吸引宗教法庭的注意，与伽利略的全体同事爆发冲突，而同事们已经很难原谅他先前向亚里

多明我会修士及哲学家布鲁诺（下面肖像）于1576年被控为异端。他不得不离开修会，逃到国外。流浪若干年后，他在威尼斯住下，但被送交罗马宗教法庭。经过几年审讯，法庭于1600年把他送上了火刑架。布鲁诺在著作中批评亚里士多德，为哥白尼的世界体系辩护，甚至提出了新观点：他认为宇宙无限，星星很可能是别处的太阳，而这些"太阳"周围也许有其他有人居住的行星围绕其运转。

士多德的权威挑战。

　　伽利略不怕风险也不怕冲突，故事的后续发展会充分显示此点。只是，倘若他必须抗争，他希望能以可靠的事实为依据。对他来说，真正可靠的是实验。他有很多评论文章还缺乏根据，所以他仍将其称为"学生作业"。他暂时还没有证据说哥白尼有理，但他已经信服。为了说服别人，他需要实验。

　　伽利略希望望远镜能提供论据，所以打算制作一架。正好暑假即将开始，通常伽利略在佛罗伦萨过夏天，给年轻的托斯卡那王子科西莫·德·美第奇授课。但是这一年，王子的父王去世，他成为了大公，便不再上课，伽利略总算有了时间可以做他想做的事。

在1651年制作的这幅版画上，上帝之手位于上端居中，正在比较左边哥白尼的世界体系和右边托勒密的世界体系。显而易见，当时托勒密的"真理"分量尚占优势。左页上图是一个浑天仪，象征托勒密的世界体系。

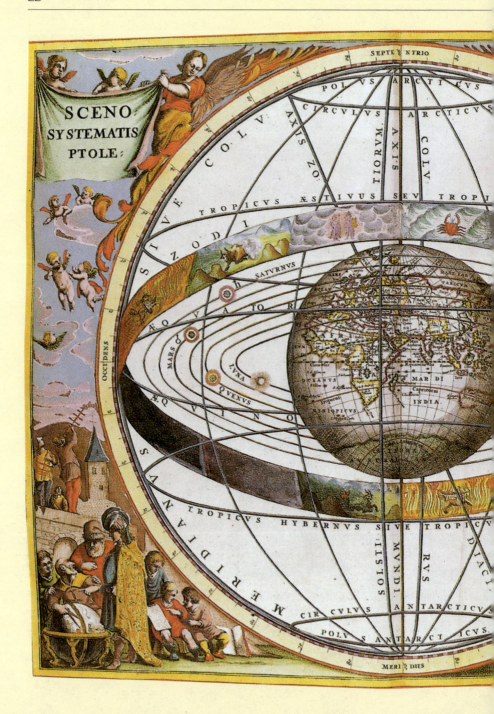

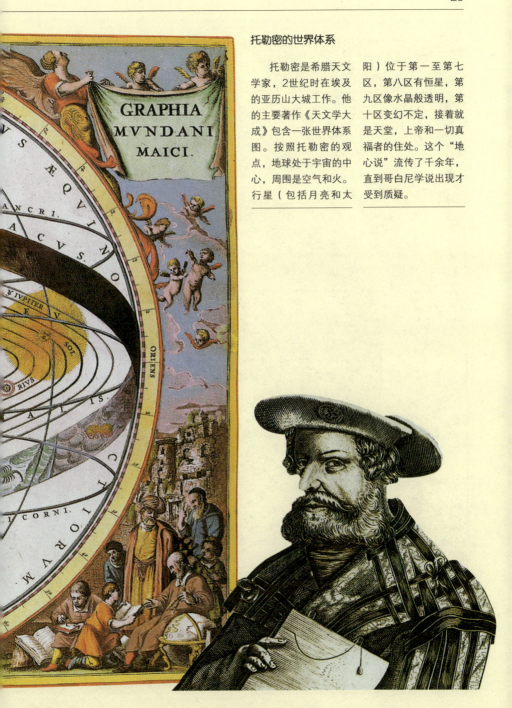

托勒密的世界体系

托勒密是希腊天文学家，2世纪时在埃及的亚历山大城工作。他的主要著作《天文学大成》包含一张世界体系图。按照托勒密的观点，地球处于宇宙的中心，周围是空气和火。行星（包括月亮和太阳）位于第一至第七区，第八区有恒星，第九区像水晶般透明，第十区变幻不定，接着就是天堂，上帝和一切真福者的住处。这个"地心说"流传了千余年，直到哥白尼学说出现才受到质疑。

哥白尼的世界体系

　　1473年，哥白尼生于波兰。他先后在克拉科夫大学和波隆那、帕多瓦研究数学。克拉科夫大学是欧洲很古老的一所大学。自1506年起，他就认为太阳是静止不动的，地球和其他行星围绕太阳运行。他在《天体运行论》中提出，恒星的位移仅是表面现象，真正原因是地球的自转。这些观点与《圣经》的说法相反。幸亏哥白尼这部著作在他死后才出版。书前序言说这些观点是数学假设而非事实，所以教会对此才不予理睬。

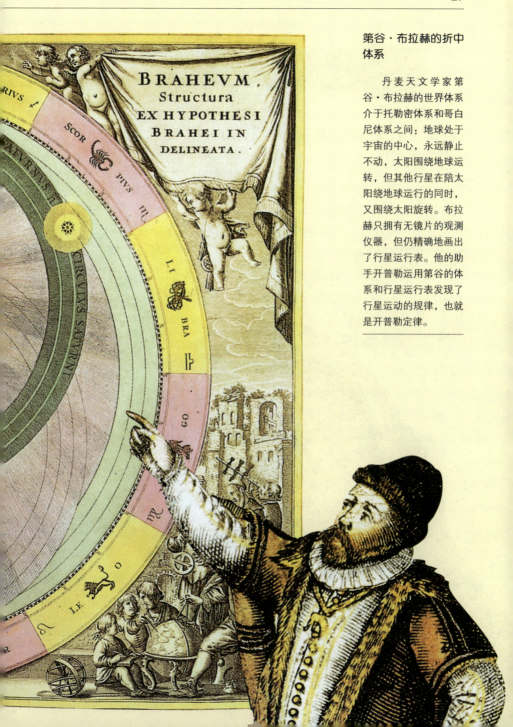

第谷·布拉赫的折中体系

丹麦天文学家第谷·布拉赫的世界体系介于托勒密体系和哥白尼体系之间：地球处于宇宙的中心，永远静止不动，太阳围绕地球运转，但其他行星在陪太阳绕地球运行的同时，又围绕太阳旋转。布拉赫只拥有无镜片的观测仪器，但仍精确地画出了行星运行表。他的助手开普勒运用第谷的体系和行星运行表发现了行星运动的规律，也就是开普勒定律。

伽利略期待望远镜能提供他所需要的论据，便开始着手制作

　　他很快明白了用夹鼻眼镜的镜片制成的望远镜是没什么好指望的，然而到目前为止，眼镜商们制作的却都是这种望远镜。为了有理想的放大率和清晰的成像，必须用特别的透镜。

　　他所需要的两个透镜应该一个是微凸的，另一个是深凹的。然而，当时眼镜商们制作的透镜恰恰相反——高凸和浅凹。伽利略不得不亲自琢磨他的透镜，幸亏威

　　16世纪，人们已经懂得将两个放大镜组合起来，可获得更大的效用。但是没有人想到将两块放大能力并不强的镜片组合在一起也能获得较好的放大率。为了制作一架能将远处物体放大的望远镜（上图），伽利略用一块（放大率较差的）微凸度透镜作物镜（又名前透镜），而望远镜另一端的目镜（左图）则用的是一块强凹度透镜。这块凹透镜在单独使用时会把远方物像的体积缩小很多。

尼斯是欧洲的玻璃制造业的中心，所生产的镜子驰名整个欧洲。所以，他不难弄到必需的材料：磨制镜片用的抛光粉。

不久，他制成了一架望远镜，能把物体放大6倍而不会模糊或变形，也就是说，人们看到物体近乎6倍大（我们今天最常用的双筒望远镜，放大率也不过是7倍）。至于眼镜商们制作的玩具望远镜，只放大两三倍，所成的物像便模糊变形了。

伽利略为这些成就所鼓舞，又开始工作，并于8月初造出一架望远镜，能放大9倍而不走样。这一回确实成功了！共和国政府风闻伽利略的实验，要他做一次示范表演。他一口答应，立即提议于8月21日在威尼斯的钟楼顶上，当着一群元老院代表的面表演。

威尼斯的元老们对望远镜赞叹不已

到了约定的日子，那些地位崇高的元老们毅然爬上通向钟楼顶的楼梯，高度近100米，相当于30层楼！楼梯很陡，但元老们想必并不后悔，因为他们发现了意料之外的奇景，如魔术般不可思议。这件事情确实令人惊异：帕多瓦教堂距离钟楼32千米，透过望远镜，它似乎近在3.5千米之处！至于穆拉诺，离钟楼2.5千米，望远镜把它拉近到300米，连人的模样都可以辨认出来！

"大约10个月前，我听到消息，有个法兰德斯人制作了一架望远镜，用它来观察很远的东西，可以像看近物一样清晰。为了能仿造类似的仪器，我专心研究它的说明书。不久，根据光的折射原理，我终于制成了一架望远镜。我先准备一根铅管，在铅管的两端安上两块透镜，每块透镜都有一面是平的，另一面有一块是凸状的，一块是凹状的。"

伽利略《星际使者》
1610年

下图为望远镜图解，出自《星际使者》。

　　伽利略随即将他的仪器献给威尼斯共和国。元老院知道，这种新望远镜可以用在军事方面。为了表示嘉奖，众元老无异议投票通过，批准伽利略为终身教授，并立即把他的薪俸增加一倍！

　　伽利略完成了计划的第一部分，4个月内，望远镜为他带来了荣耀，也已解决了大部分钱的问题。剩下是计划的第二部分。他回到帕多瓦，加紧完成第三架望远镜的制作。这一架可不止将物体放大9倍，而是20倍！伽利略不打算拿它来看街上闲逛的人，而要将它瞄准天空。接连几个夜晚，伽利略用新的望远镜观看天空，发现了一个奇妙的世界，这大大满足了他的好奇心。

"将一只眼睛贴着望远镜，闭上另一只眼睛，我们每个人都能清楚地看到帕多瓦圣朱斯蒂娜教堂的正面和圆屋顶，也能辨认出在圣雅各教堂进进出出的人，以及其他细部，简直令人称奇……"

安东尼奥·普里乌利
威尼斯共和国行政长官

每个人或许都曾梦想发现一座新岛屿，踏上全新的海滩，或是最先看到任何地图上未曾标明的峡谷、湖泊或山岳。然而，在使用望远镜的几个夜晚，在那充满欣赏心情的观察中，伽利略发现的却不是岛屿或山岳，而是一个新宇宙，在他之前没有人见识过的新世界！伽利略决定立即向全世界宣告太空所展现给他的奇观。1610年3月，他发表了一本小册子，是用拉丁文写成的，以便各国知识分子都能阅读，小册子的名字很美：《星际使者》。

1610年，威尼斯是享有盛名的知识中心，华丽、典雅，成为了艺术家或学者理想的居住地。然而，对于伽利略来说，威尼斯只是人来人往的热闹地方，但也是他在共和国总督面前获得辉煌成就的地方。伽利略正是在威尼斯展出望远镜的。这架望远镜革新了整个天文学和物理学，为哥白尼想象中的宇宙带来了可见的证据。从圣马可大教堂平台（本页照片）可以看见道奇宫对面圆柱上有一只张开双翼的圣马可狮子，是威尼斯共和国的象征。画面中的背景是圣乔治修道院所在的小岛。

伽利略用新望远镜瞄准的第一个天体就是月亮，

他的惊讶程度远远超过我们的想象。

彼时，正统的天文学宣称：

月亮是一个完美的球体，

像水晶一样光滑。

然而，伽利略从望远镜里望去，

第一眼看到的却

全然不是那么一回事。

第二章
来自天空
的消息

"抛开地球的事物，我转而观察天空。我先看月亮，它好像处在隔地球才两个半径的位置上。"

伽利略

《星际使者》

1610年

现代人见过月亮的照片,知道月亮上是多山的。即便如此,第一次使用望远镜观察,突然发现月亮不是空中的一个圆盘,而是一个布满窟窿和隆起的球体,还是会带来冲击的。400年前的伽利略更是感到震惊。他在《星际使者》中描述了他看到的情景:"导致我做出这些结论的是如下现象:新月之后四五天,当月亮现出亮亮的尖角时,明暗两部分之间的界线完全不是完美球面那样的光滑。相反,分界线并不平整,也不规则,而是锯齿形。"他还画了图,而且画得很好,他的书中都是他亲手加的插图。

据伽利略所言,月亮是多山的。有证据可以证明

在明暗交界线附近,明亮的区域里有些小黑块,阴暗区域中则有些亮点,随着界线移动,黑块减少,亮点增加。这种现象恰如在地球上,当太阳升空时,山峰明亮的部分增加,山谷阴暗的部分减少,月亮上显然有山!

月亮上这些山峰和山谷,伽利略把它们描绘成"好似孔雀尾巴上的圆斑",背着阳光的边缘上有一道黑色带,面光那一边则被照得通明。这应该是一些圆形的山谷,四周围绕着山脉,我们今天称之为"环形山"。

伽利略从确定影子的长度开始,终于计算出这些山的高度。他认为某些山高达7000米,超出当时已知的地球上的任何山峰。月亮比地球小得多,却有更高的山,因此月球表面更加高低不平!

"月亮表面不是像许多哲学家所断言的那样,光滑、均匀并合乎球状。事实完全相反,月亮表面是崎岖不平的,充满洞穴和山丘,正如地球表面上山脉、深谷纵横交错。"

伽利略《星际使者》

上图是阿波罗11号的宇航员拍摄的月球照片。右页图是伽利略的素描,出自《星际使者》。

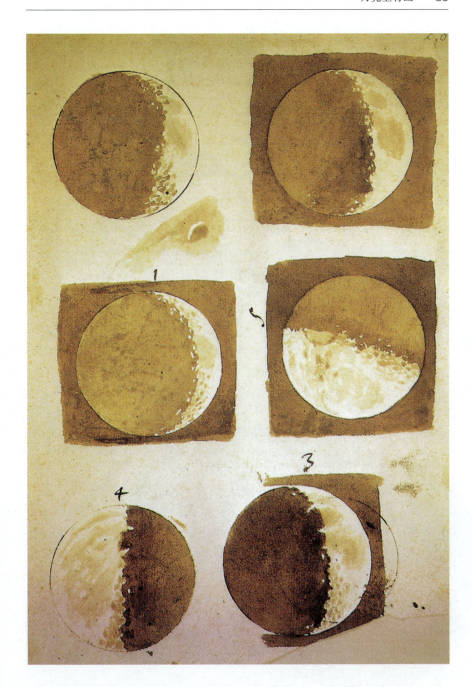

那么，既然月球表面如此高低不平，为什么它明亮部分的边缘呈现如此完美的圆形，而不是锯齿状呢？伽利略是这样回答的：那是因为在明亮部分的边缘上(我们永远只能见到月亮的一个侧面)有许多山脉并排耸立着。在我们看来，一条山脉的凹陷部分被另一条山脉的隆起部分填满了。这就像波涛汹涌的大海，从远处看去，海面似乎是平的，因为所有的波峰高度相同，遮掩了隔开它们的波谷。

山峰、山谷等本是用于描述地球表面的词语，伽利略却用它们来描述月亮。他甚至将月亮上最大的环形山比喻成中欧的波希米亚这样山脉环绕的地区。对他而言，地球与月亮是同类。

当月亮上明暗各占一半时（如同伽利略在下图中描绘的），大环形山看得最清楚。相反则必须在新月形末期才

月亮的"灰光"和"地光"的奥秘

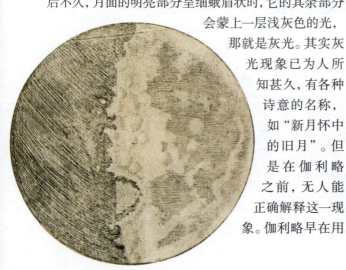

伽利略补充了一个论据来说明灰光现象。新月前后不久，月面的明亮部分呈细蛾眉状时，它的其余部分会蒙上一层浅灰色的光，那就是灰光。其实灰光现象已为人所知甚久，有各种诗意的名称，如"新月怀中的旧月"。但是在伽利略之前，无人能正确解释这一现象。伽利略早在用

能在暗的表面上看到"地光"，也就是"灰光"。伽利略是第一位解说这一现象的人（右页图）。

望远镜观察月亮之前，就已经得
出这一结论，并曾向几个朋
友和学生阐述。但直到
有了最近的发现，他
才感到有足够的证
据支持，可以公之
于众了。

　　他先论证月
亮的灰光既非产
生于月球本身(否
则日食、月食仍可
见到)，也并非如一
些作者提过的产生
于星星或"穿过月球"
的阳光。那么，还剩下什
么可以照亮月球呢?当然是地
球。当月球将它的阴暗部分转向我
们时，地球正好将明亮的部分转向月球。灰光就是映
照在月球上的"地光"!

　　证明了月亮像地球一样多山之后，伽利略断定，地
球像月亮一样明亮，也就是说，地球像月亮一样反射太
阳光。传统的宇宙观里，地球与一切天体是绝对分开
的。这么一来，传统说法怎么办呢?

伽利略把望远镜转向星空

　　事实上，我们肉眼所见的星星只是那些传送来的
光线，是我们眼睛所能感受到的星星。倘若星星的光
线不是被我们直径几毫米的瞳孔捕捉到，而是被直径
大10倍的望远镜捕捉到，进入我们眼帘之前又经过聚
集，那么，我们感受到的光线就多得多，许多肉眼看不

"因此，我们得出
结论，地球反射的太阳
光对月亮是重要的事，
你应该予以极大关注。
于是，地球与月亮又有
一个很美的相似之处:
如果其他行星确实以其
光线和运动对地球产生
影响，那么反过来，也
许地球同样有能力以其
反射的光线，甚至以其
运动对其他行星产生影
响。"

伽利略《关于两
大世界体系的对话》
1632年

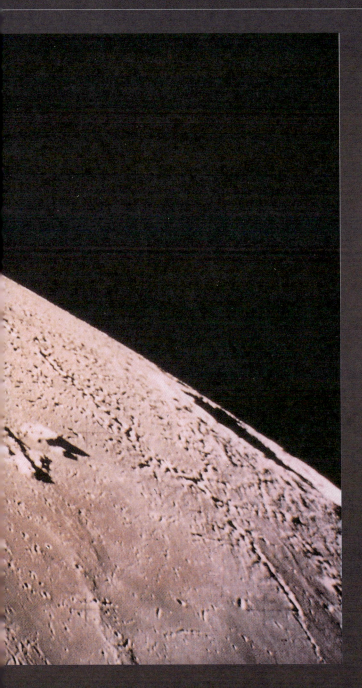

朗朗明月夜，用双筒望远镜观察月亮时，会看到一些点或阴影。事实上，那是些环形山和"海"。这种地形的凹凸是月球的典型特征。1969年，由阿波罗太空船拍摄到的卫星照片证实了伽利略通过望远镜见过并在《星际使者》中记载和描述的景象：月球表面是多山的，起伏的程度至少和地球相当。月球环形山有时宽达几十千米，有时极小，从地球上无法看见。月球环形山经常是这样的：边缘有崖壁，中心底偶有突起的锥状山。但如此这般的环形山，随着日照角度的不同，隆起的轮廓所显示的鲜明程度也不同。一座环形山越接近昼夜分界线（白昼区与黑夜区之间的界线），凸起部分似乎越高。然而当太阳垂直照耀时，这座环形山即使很大，也可能难以辨认。

月光下，地光下

　　人类从地球上用肉眼看月亮（本页照片），又运用望远镜观察月亮之后，接着运用倍数越来越高的天文望远镜，终于能就近观察月亮。自1957年起，苏联和美国的太空探测器先后飞近月亮，围绕它转，拍摄到月亮背面的照片。1969年5月，美国阿波罗10号搭载的宇航员们绕过月球时，至离月球表面不足15千米处，于窥探舱观察到一个奇特的景象：地球从月平线上升起（左页照片）。在《两大世界体系的对话》（1632年）中，伽利略解释为何地球比月球更明亮："月球有一大部分缺乏阳光，但通过反射把我们的夜晚照得很亮，同样，地球也予以回报：它反射太阳光，把月球照亮，而且依我所见，地光的强度胜于照亮我们的月光，因为地球的面积大于月球的面积。"

见的星星也变得可见了。伽利略一下子发现了超出原来数量10倍的星星！

　　他在《星际使者》中说："我曾想把整个猎户星座描绘出来，但此星座包含500颗以上的星星。数量如此多又缺乏时间，我退却了。"因此，他只画了猎户星座的腰带和剑，除肉眼可见的8颗星之外，又画了80颗星。

　　此外，他也看到组成昴星团的6颗明亮的星，以及从前看不见的星云状40颗星。但他发现，最奇妙的星象还是银河：看上去不再是几十颗星星，而是不计其数的星星！几千年来，人类自问，这条横贯天空的朦胧光带

　　星星不是均匀分布在太空中的，亿万颗星星聚集成星团状，成为星系。银河（上面照片）是我们的星系，我们只能见到它从地平线的这一端伸展到另一端，因为我们所在的地球就处在银河系中。照片上的红色圆弧是由于使用特殊镜头留下的一道伪迹。

是什么，现在伽利略用望远镜看上一眼，奥秘就揭开了：银河光带是星星，聚集成星团的成千上万颗星星。伽利略这样说："我们接下来观察的东西是银河的性质和构造……事实上，银河不是别的，只是一堆一堆的无数星团。"

"更不可思议的奇观，某些天文学家今天仍称之为星云的那些星星，其实是以奇妙的方式散布在空中的小星群。"

伽利略《星际使者》

下图是巨蟹星座中的鬼宿星团，伽利略绘。

凭借着自己制作的第五架望远镜，伽利略获得了他最卓越的发现

现在，每天夜里伽利略都在观察。他白天工作，想制作一架更完善的望远镜。1610年初，新望远镜完成了，能放大30倍! 简直是奇迹。

这是伽利略制作的第五架望远镜。他还制造过其他许多望远镜，送给朋友们和外国同行们，甚至出售。但第五架望远镜成为他最心爱之物，他再也没有与之分开过。

正是凭借这架望远镜，伽利略立即获得了他最卓越的发现。现在来听一听他的叙述："1610年1月7日，夜里1点钟。我用望远镜观看天体，木星呈现在我眼前。由于我已制作出一架相当优良的仪器，所以我在木星附近瞥见3颗星，的确很小，却很明亮(从前我没有看到，因为那时用的望远镜不够好)。这3颗星的排列相对木星而言是这样的：

NEBVLOSA PRAESEPE.

1973年，先驱者1号飞过木星上空，对这个行星进行观察。然而，有关木星的资料更多的还是由旅行者（1号和2号）于1979年3月至7月获得的。1989年10月18日，伽利略号发射成功，实现了美国宇航局筹备了不止15年的一项计划。伽利略号是专门为观察木星设计的，由两部分构成：一个主要的探测器和一个下降舱，1995年12月7日完成操作。给人印象最深刻的观察也许是木星与彗星休梅克·列维9号相撞，在碰撞（1994年7月22日）前已经观察了几天。2000年10月至2001年2月，木星同时被两个探测器（伽利略号和卡西尼号）观察。卡西尼号更现代，配备了性能更良好的仪器，正在飞往土星的路上（左图，卡西尼号观察到的木星和木卫三）。伽利略号观察的成果显然是巨大的。2003年9月21日，伽利略号自动解体，以免损害它发现的木卫二表层下蕴藏的地下海洋。

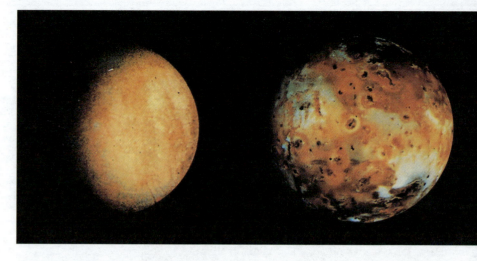

东方 ✳ ✳ 〇 ✳ 西方

1月8日，再次观测——不知是什么驱使我这样做。我发现它们的排列不同了：

东方 〇 ✳ ✳ ✳ 西方

3颗小星球现在处于木星的西边。"

伽利略起初以为，这3颗"明亮的小星球"是恒星(他每天夜里发现上百颗恒星)，所以是木星在它们前面移动了位置。1颗行星在恒星前移动不足为奇，然而，在一年当中的这个时期，木星应当朝另一个方向移动。连着两个夜晚，空中多云，伽利略勉强压抑住不耐烦的心情。终于，1月10日，天空澄清：

东方 ✳ ✳ 〇 西方

木星不可能突然折回。伽利略恍然大悟，是这3颗小星球移动了！它们不是恒星，是围绕木星运转的3个"月亮"！不过伽利略不叫它们"月亮"，而是称之为"行星"。那天看不到第三颗小星球，必定是由于它藏

伽利略用双筒望远镜看木星的卫星，它们是些小星星（左图）。借助一架大型天文望远镜来看，这些星星不再是些小点，而是明亮的小球。旅行者探测器1979年拍下的照片揭示出星球的面貌。木卫二（46页上图左），直径1550千米，是4颗卫星中最小的，也是太阳系中最光滑的，像一颗撞球！它很可能是个巨大的冰球，因而可以解释为何没有火山口：即使一颗陨星撞过来，冰部分溶解后，水堵住窟隆，立即又结冰了。伽利略号探测器揭示出木卫二蕴含着广阔的地下海洋。

在木星背后了! 几天之后, 伽利略发现, 围绕木星运转的卫星不是3颗, 而是4颗! 这4颗星球看得伽利略激情澎湃。他不再怀疑, 立即相信这4颗卫星紧随着木星在宇宙中运行。

　　然而, 哥白尼的对手们一直提出异议, 说如果地球在围绕太阳转动, 月亮就不可能跟随地球运行。伽利略回答: "现在我们有一个绝妙的论据, 足以消除他们的疑虑……我们不仅有一个绕着另一个行星转动的行星, 同时, 两者又沿着一条大轨道围绕太阳公转。我们还亲眼看见, 一如月亮绕地球运转, 4颗卫星也绕着木星运转, 同时全体又在12年间围绕太阳公转一周。"

　　对伽利略来说, "亲眼看见" 是一切证据中最可靠的证据。他还没有想到, 为了使他的对手们亲眼看见, 他即将碰到怎样的困难。他暂时告别 "亲爱的读者", 答应不久后向他们报道新的发现。

　　木卫一(46页上图右), 直径3640千米, 是4颗卫星中最靠近木星, 也是最令人称奇的。是一个有红、黄、黑三色的球体, 覆盖火山, 其中至少8座是活火山, 喷出熔岩和灰尘, 高度超过300千米。木卫三(47页上图左), 直径4850千米, 木卫四(47页上图右), 直径5000千米, 是木星卫星中最大的两颗, 体积最接近地球, 但表面多孔, 像我们的月亮。

SIDEREVS
NVNCIVS
MAGNA, LONGEQVE ADMIRABILIA
Spectacula pandens, suspiciendaque proponens
vnicuique, præsertim verò

PHILOSOPHIS, *atý ASTRONOMIS, quæ à*

GALILEO GALILEO
PATRITIO FLORENTINO
Patauini Gymnasij Publico Mathematico

PERSPICILLI
Nuper à se reperti beneficio sunt obseruata in LVNÆ FACIE, FIXIS IN-
NVMERIS, LACTEO CIRCVLO, STELLIS NEBVLOSIS,
Apprime verò in

QVATVOR PLANETIS
Circa IOVIS Stellam disparibus interuallis, atque periodis, celeri-
tate mirabili circumuolutis; quos, nemini in hanc vsque
diem cognitos, nouissimè Author depræ-
hendit primus; atque

MEDICEA SIDERA
NVNCVPANDOS DECREVIT.

VENETIIS, Apud Thomam Baglionum. M DC X.

《星际使者》于1610年3月12日出版，
刚出版就引起了轰动：
500册，几天内售罄！
整个欧洲不关心别的，
只谈论伽利略、望远镜、月球山脉和4颗新的"行星"。
伽利略为这4颗新星取了名字：美第奇星。

第三章
在佛罗伦萨
的成功

　　美第奇家族的科西莫二世（右边肖像），1609年至1621年任托斯卡那大公，年轻时是伽利略的学生。他一直是伽利略的保护人和朋友，直到1621年去世。伽利略知道他对科学和艺术感兴趣，便把《星际使者》（左页图为书名页）中公布的新发现献给美第奇家族，以博得他的庇护。

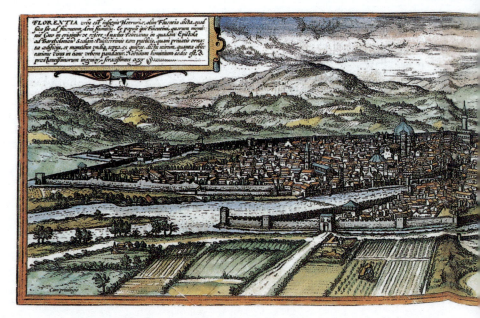

首先，伽利略想到，要让科学界接纳他发现的行星一定会碰到困难。但是若行星拥有显赫的名字，那么他的对手们在开口指责之前，便会再三斟酌。只要托斯卡那大公科西莫·德·美第奇接受了伽利略的"礼物"，那么，攻击这4颗行星就是攻击美第奇家族，不会有人贸然这样做。

此外，当今法国王后，也就是路易十三的母亲，名叫玛丽·德·美第奇。同时，伽利略以此表明他对自己绝对有信心。将美第奇家族的姓氏冠在一项靠不住的、有可能产生错误的发现上，谁敢这么做？打算站出来反对伽利略的人请三思！

最后，伽利略希望大公为了答谢他，会让他实现往日旧梦：当上佛罗伦萨的宫廷数学家。为什么他想离开威尼斯呢？事实上，他想离开的是帕多瓦及帕多瓦大学。他原本在帕多瓦大学任教，现在他渴望摆脱一切约束，能拥有更多自己的时间。当然，今后他可以不必

阿尔诺山谷为托斯卡那（上图为其概况图）少有的平地，佛罗伦萨便在这个山谷中建成。当时的人认为此地气候潮湿，对身体不利，有条件的人都住在近郊的山冈上。因此，伽利略的住宅坐落在城外的阿切特里，距城数千米。

托斯卡那大公科西莫二世对伽利略给他带来的荣誉很重视，证据是木星的4颗卫星取名为"美第奇星"之后，被画在美第奇家族徽标的中心。17世纪，有此枚徽标装饰的书均表示是在美第奇家族的保护下出版的。

再个别授课，但不表示他就有空闲。他不但制作望远镜，夜间观察星空——白天必须弥补前一夜消耗的精力，加上大量的新发现应当整理成文字，这一切都需要时间。他希望能全身心投入。伽利略想返回佛罗伦萨，还有另一个更重要的理由：思乡。

伽利略的家乡就是托斯卡那，阔别故里20年，他渴望返乡

　　1610年时，意大利这个国家还不存在。意大利半岛上分成好几个国家：威尼斯共和国、米兰公国、托斯卡那大公国、教皇国、那不勒斯王国，等等。

伽利略是托斯卡那人。他生于比萨，祖籍佛罗伦萨，在佛罗伦萨度过青少年时代。他的著作《星际使者》和关于圆规的说明书的扉页上，伽利略让人在自己的名字后面加上几个字：佛罗伦萨绅士。虽然威尼斯人和佛罗伦萨人说的语言几乎一样，两座城市的气氛却迥然不同。威尼斯舒适而优美，仍不能让他忘怀佛罗伦萨的夜晚，众人来到街上热烈讨论，思想如烟火般飞扬。环境不一样，饮食的味道也不一样。

将近20年，伽利略一直想回到佛罗伦萨。他发现的星球也许能帮得上忙。复活节假期一到，他就去托斯卡那，请宫廷贵族观赏他的4颗行星。

示范观测在比萨当着一群大学教授的面举行。大公的亲信和全宫廷为之轰动，齐向这位发现4颗行星、发明望远镜的人鼓掌喝彩。但是大学教授们生气了！其中最重要的一位教授利布里甚至拒绝用望远镜观看。几个月后利布里死了，伽利略幽默地表示，利布里生前在地球上拒绝观看这4颗星星，希望他赴天国时能顺便看看。

伽利略回到帕多瓦后发表了3次演讲，介绍木星的诸卫星，大获成功。但他决定返回佛罗伦萨。旅途中他向佛罗伦萨公使万塔试探。现在，他送去了一份正式的申请书。

朋友们深感不安。他们预料，伽利略迟早会与教会起冲突。在意大利，唯一能与教皇对抗的势力是威尼斯共和国，朋友们认为，伽利略不该离开威尼斯。他的朋友萨格雷多说："得知您前去的地方，耶稣会教士的权力压倒一切，我深感不安。"但是思乡之情胜于谨慎之虑。1610年7月，伽利略在佛罗伦萨得

伽利略在比萨大学逗留期间完成了斜面实验（上图）。18世纪用的这种斜面仅仅比伽利略用的斜面精雕细刻一些而已。

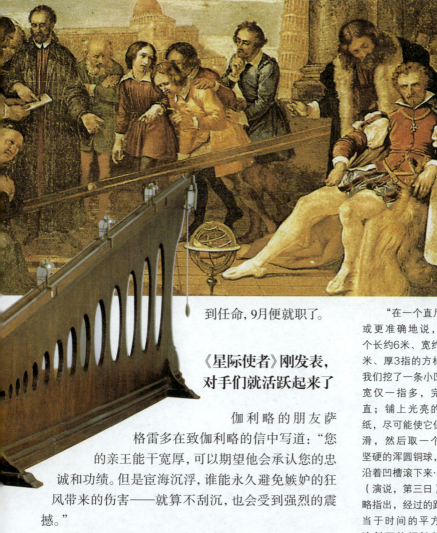

到任命，9月便就职了。

《星际使者》刚发表，对手们就活跃起来了

　　伽利略的朋友萨格雷多在致伽利略的信中写道："您的亲王能干宽厚，可以期望他会承认您的忠诚和功绩。但是宦海沉浮，谁能永久避免嫉妒的狂风带来的伤害——就算不刮沉，也会受到强烈的震撼。"

　　自1610年夏天起，甚至在伽利略定居佛罗伦萨之前，这种嫉妒的"狂风"就已让人感到不舒服了。但伽利略的对手们缺乏论据，地位显赫的人不敢亲自介入，挑衅的是些无关紧要的小人。

　　例如，伽利略在波隆那大学有个宿敌，马奇尼教

　　"在一个直尺中，或更准确地说，在一个长约6米、宽约25厘米、厚3指的方材中，我们挖了一条小凹槽，宽仅一指多，完全笔直；铺上光亮的羊皮纸，尽可能使它保持光滑，然后取一个质地坚硬的浑圆铜球，让它沿着凹槽滚下来……"（演说，第三日）伽利略指出，经过的距离相当于时间的平方（不论斜面的倾斜角度如何），与亚里士多德的物理学预言相反。

伽利略的一生在三个城市度过，现在，每个城市都大力纪念他。首先是比萨。1564年，伽利略出生于比萨一个不太富裕的小贵族家庭，他父亲很有学问，是一位杰出的音乐家，同时从事纺织品贸易。伽利略最初登记读的是医学院。正是在比萨，他立下志向，旁听里奇的数学课。里奇是伽利略家的至交，师承文艺复兴时期的著名数学家塔塔格利亚。塔塔格利亚主张把数学应用到技术中。也是在比萨，伽利略完成了他最有名的实验：在大学教授们的围观下，让一个大石球和一个小石球从斜塔上落下，证明大石球坠落的速度并不会比小石球快。

1610年11月1日，伽利略在佛罗伦萨住下，他在这里度过了一生的最后30年。他的朋友萨格雷多旅行归来，得知伽利略即将离开帕多瓦，给他写下这些预言式的话："威尼斯这样的自由，您还能在何处找到？阁下这时返回贵国，离开了一个您什么都不缺的地方。现在，您报效本国的王子（伽利略确实出生于佛罗伦萨大公国），一位年轻有为、品德高尚的伟大王子，但世事难料，在充满恶念和妒意的人们干涉下，谁知道会发生怎样的变化？"当时，伽利略没有料到，他会在佛罗伦萨度过他一生中最可怕的时期：审判阶段。现在，佛罗伦萨城外几千米的阿切特里山冈上，伽利略故居仍然开放，供游客参观。

比萨大学（下图）由洛朗·德·美第奇创办。慷慨的洛朗（1449—1492）请来当时最杰出的教授，让附近佛罗伦萨的青年能来学习文学和艺术。马基雅弗尔作为美第奇家族的史官，曾在比萨大学任教。

授。进攻的并不是他本人，而是他籍籍无名的助手，一个叫奥尔基的家伙。奥尔基针对伽利略发表了一本语带侮辱的小册子，声称伽利略的发现是错误的。他主要的论据如下：天空中一切移动的物体，星相学者在占星术中早已考虑到，如果真有4颗美第奇行星的话，也是毫无用处。然而一切存在的东西都有用处，因此，美第奇行星并不存在。

"不，它们存在！"伽利略的一个学生回答。它们至少可以折磨奥尔基，向迷信者散布不和！抛开玩笑成分，奥尔基贫乏的论据其实显示了两个有趣的现象。首先，这是一个很好的逻辑游戏，伽利略的对手们信任逻辑推理，却不相信实验。其次，这表明古老的观念(比埃及更古老)还没有消失，他们仍相信天空的唯一用处乃是传达诸神给人类的信息。不管怎样，马奇尼教授见代言人失败，十分恼火，当即把他撵走了。

下一个攻击发生在8月，由西齐署名，事实上来自比萨大学的教授群。这一回论据仍然薄弱：木星诸卫星不可能存在，因为天空中不可能有7个以上能动的天体(太阳、月亮和5颗肉眼可见的行星)。为什么是7个？与

下列种种理由相关：人有七大罪恶，每周有七天，世界上有七大奇迹。

　　至于望远镜，依伽利略的对手们看，这种仪器不仅无用，还是骗人的玩意儿。证据是古人(亚里士多德)不曾提起！然而，这位西齐先生显然学识渊博，早已知晓望远镜为何物，甚至拥有的望远镜比伽利略的精良得多。同样，伽利略的同事中那些肯用望远镜观察

乔凡尼·马奇尼（左页肖像），博洛尼亚的数学教授，邀来一部分同事，当着伽利略的面用望远镜观察4颗

QVATVOR
PROBLEMATVM
QVÆ MARTINVS HORKY
Contra Nuntium Sidereum
DE QVATVOR PLANETIS NOVIS
Diſputanda propoſuit.

美第奇星。情况并不乐观，他们都不能辨认出任何行星，即使在伽利略的帮助下也看不出来。于是，马奇尼叫他的助手奥尔基写了一本批驳伽利略的小册子（上图是该小册子的标题页复印件）。

的人也声称在里面看到了幻象。对此，伽利略反问：为什么这些"幻象"只出现在木星周围呢？

伽利略最想要说服的是他敬重的天文学家

事实上，对于如此平庸的对手，伽利略又有什么办法呢？他让学生代替他答辩。他还有更值得关心的人要写信告知，要去说服。第一位是天文学家开普勒。《星际使者》刚一出版，伽利略便寄了一册给开普勒，征求他的意见。据说，开普勒得知这些发现，激动得哭了。他

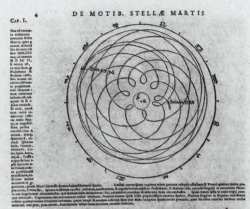

立即给伽利略回信表示祝贺。

开普勒让人公开发表他给伽利略的贺信。不过，他本人并不相信木星周围有卫星。伽利略送给他一架自制的望远镜，好让开普勒亲自

开普勒（左边肖像）是伽利略的同时代人，本是第谷·布拉赫的助手，从他的观测中发现了行星运动规律，后来成为牛顿理论的基础。在其发表于1609年的《天文新星》一文中，开普勒描述了1580年至1596年间火星围绕太阳的运动（上图）。

观测木星的诸卫星。1610年8月，开普勒在法兰克福确认了它们的存在。

    因此，说服开普勒的过程一切顺利，开普勒早已信服哥白尼学说。伽利略真正想不惜代价说服的人是克拉维乌斯，耶稣会会士及教皇的首席天文学家。克拉维乌斯乃是意大利最受尊敬的天文学家。然而，克拉维乌斯一开始就嘲笑伽利略的发现，又公开宣称，必是有人先把4颗行星装进望远镜内，否则伽利略哪能用此仪器看到呢？伽利略早就认识克拉维乌斯，深信此人是可以说服的。他知道克拉维乌斯为人正直，只要他用望远镜看见木星的卫星和月亮山脉，就一定会如实说的。

    1610年12月，正当伽利略结束观测金星相位时，他既意外又欣喜地得知，克拉维乌斯按照他的指导，终于看到了木星的卫星！

忙着说服大天文学家之外，伽利略又有两项新发现

    伽利略一方面设法推广他的前几项发现，一方面继续观测。他又发现土星的外貌很奇特。

    起初，他以为土星两边的两个斑点是卫星，比木

耶稣会于1540年创立，为对付新教徒分立教会和亚里士多德学说的危机，发展了一套教育机构的国际网状系统，吸引了一些地方上层人士加入，他们对科学事业的利害关系越来越敏感了。克拉维乌斯神父（上图肖像）1578年受教皇委托，负责改革历法。他在历法本中删去10天，在法兰克福引起反对罗马教廷的激烈骚乱。他被指控为盗窃善良民众10天的人。

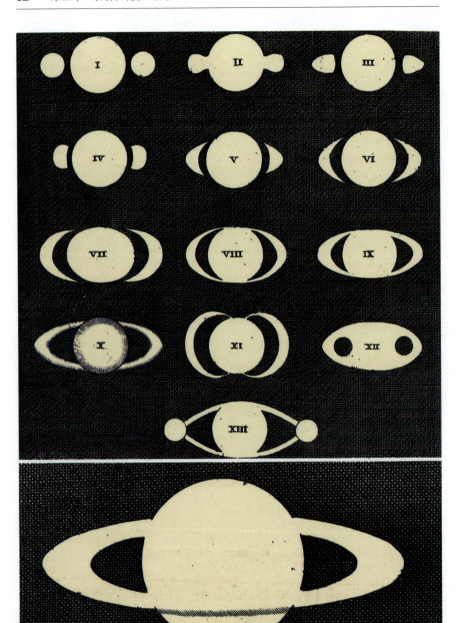

星的卫星大得多, 距离也较近, 但它们显然并不围绕这颗行星旋转。不久, 伽利略看到斑点消失了, 过了一段时间又重新出现。但他的望远镜太弱了, 无法观测到太阳系惊人的景观之一: 土星光环。这项发现要到45年后, 荷兰天文学家惠更斯使用了一架更先进的望远镜才得以完成。

在土星方面无甚成绩, 但伽利略在金星方面弥补了回来。他随即发现一件事, 由于它太重要了, 所以他不敢在完全确信之前便公布。同时, 他又担心别的观察者夺走他的发现成果。于是, 他采取预防措施。1610年9月, 他给开普勒寄去一个怪怪的拉丁文句子: "Haec immatura a me jam frustra leguntur, o.y." 意思是 "我徒然阅读了这些未成熟的东西, o.y."。

其实, 这是由字母颠倒而成的句子, 一旦重新按次序排列, 这句话的字母就组成了另一句话, 且意思清楚无比! 这样, 万一伽利略发现自己弄错了, 他就没有发布任何错误信息; 而如果他有道理, 别人把这项发现归功于己, 他只需将这句话的含义揭示出来, 别人就得承认, 伽利略确实是先发现了。伽利略没有弄错。1610年12月, 他给在布拉格的开普勒寄去了答案, 句子变成: "Cynthiae figuras aemulatur mater amorum." 意思是 "爱神的母亲模仿戴安娜的面容"。

对现代的读者来说, 此句意思仍然晦涩, 但在文艺复兴时代, 这句话很清楚: 金星(爱神的母亲)像月亮(戴安娜)一样, 在改变形状。换句话说, 金星像月亮一样有相位变化, 有时是圆的, 有时呈蛾眉形。这是一项重大发现, 证明金星时而在太阳后边, 时而在太阳前边。

惠更斯 (下图肖像), 荷兰物理学家、数学家及天文学家。1656年, 他发明了第一只可靠的钟, 由一个摆锤调节。受伽利略观测到的土星运行的连续面貌的启发, 惠更斯得出结论, 存在一个土星环。他在一本名为《土星系》的著作中公布了他的发现。他在该书中复制了伽利略的系列绘画 (左页上图), 介绍了他自己发现的土星环

(左页下图)。1666年法兰西科学院创立时, 他应科尔贝尔之邀去巴黎, 在那里构思光的理论, 但直到禁止新教的南特诏令撤销时他的理论才发表, 那时他不得已返回了荷兰。

金星带来有利于哥白尼的决定性证据

让我们回想一下, 在托勒密的旧体系中, 一切都围绕地球旋转, 不同天体的轨道不可能交叉。在这样一个体系中, 金星不会时而在太阳前边, 时而在太阳后边。因此, 发现金星的相位变化是一个决定性的论据, 足以驳倒托勒密的旧体系。

此外, 这些相位清晰地显示, 金星自身并不发光, 而是像月亮和地球一样, 有一面被太阳照亮, 而另一面是黑暗的。所以, 全是太阳的作用, 其他行星都与地球

在《星际使者》中, 伽利略像描绘月亮似的, 把他观测到的金星相位变化描绘下来 (下图是发表在《鉴金者》中的素描)。

无异。总之, 哥白尼是对的!

伽利略早已证明, 月亮与地球很像。现在他又证明, 金星与月亮很像。在一封致威尼斯朋友萨尔皮的信中, 他用一种有趣的方法来说明: 如果我们通过倒拿的

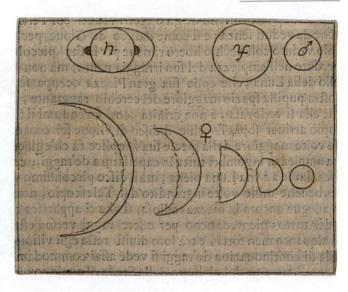

望远镜观察月亮, 会看到一个像金星似的亮点!

这项发现还有另外一面, 对当时的天文学家们来说也许更加重要。根据哥白尼的体系, 地球与金星之间的距离变动很大, 那么, 从地球上看, 金星的面积也就变动很大。然而, 如果用肉眼观察, 始终看到金星像一个亮点。诚然亮度有变化, 但如果金星确实时而接近地球, 时而远离地球, 相比之下这亮度的变化就太小

伽利略对地球上看到的金星相位变化（左图合成摄影）的解释，证实了哥白尼的学说。19世纪，弗拉马里翁在其《大众天文学》一书中，借助示意图阐明了伽利略的想法，指出金星在绕着太阳运转的过程中，从地球上看不同位置所呈现的面积和形状（下图）。金星最接近我们时处于新月形末期（该图上端），那时显得比满月形（下端位置）大。再者，金星明亮部分很细小，它也变得很长很亮（此时金星最接近太阳）。这些同时发生的变化可以说明金星的光芒在我们看来似乎改变不大。

了。这是反对哥白尼的有力证据。现在好了，在望远镜中，金星的大小确实在变，犹如哥白尼的预测。但金星的形状也在变，它的光芒之所以变化不大，是因为它最大之时，正好是它显出蛾眉形最细之日！

在伽利略迄今完成的所有发现中，这也许是最能支持哥白尼学说的发现。与此同时，伽利略收到克拉维乌斯寄来的一封信，邀请他去访问梵蒂冈众天文学家。克拉维乌斯终于用望远镜看到了，并且不出伽利略所料，他承认《星际使者》书中所描述的发现。

冬天一结束，伽利略就将动身去罗马，腋下夹着他最心爱的望远镜。他还有新的奇迹要展示给克拉维乌斯看。

罗马学院的天文学家们和克拉维乌斯及其耶稣会学者小组，一开始确实是热烈欢迎伽利略的。他们已经承认《星际使者》的发现为真，现在目睹金星的相位变

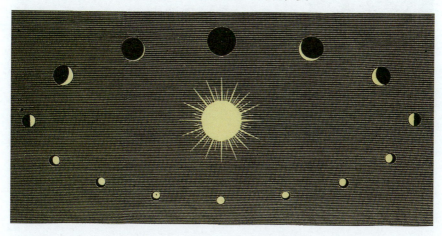

化，更是赞叹不已。1611年4月19日，教会的红衣主教贝拉明正式向克拉维乌斯提案，征询罗马学院对伽利略之观测的意见。克拉维乌斯给他送去一份报告，肯定了这些观测，但没有做出任何结论，不过伽利略并无此奢望。

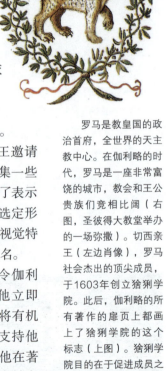

整整一个月，伽利略是郊区豪华宫殿中的贵宾

当时天文学界和宗教界最大的权威承认了伽利略的发现。教皇保罗五世私下接见他，依照惯例，谒见时必须下跪，可是教皇不让伽利略这样做，表示相当器重他。几周之后，当着伽利略的面，罗马学院全体集会，正式庆祝他的发现。

同时，鼎鼎大名的猞猁学院创办人切西亲王邀请伽利略担任该学院的第六位院士。这个学院邀集一些对科学新发现感兴趣的人，与大学没有关系。为了表示学院的独立性，他们往往以幽默的方式为自己选定形

象化的名字，由于猞猁视觉特别敏锐，所以就选为院名。

相邀入院的建议令伽利略感到荣幸和欣喜，他立即接受了。在学院内，他将有机会和当时最能理解并支持他观点的人来往。今后，他在著作的封面上总是让人在姓名后面注明"Linceo"（猞猁）字样，书上也都将带有学院的徽记。一切都进展得很顺利。6月的阳光下，伽利略心情愉快地返回佛罗伦萨。

罗马是教皇国的政治首府，全世界的天主教中心。在伽利略的时代，罗马是一座非常富饶的城市，教会和王公贵族们竞相比阔（右图，圣彼得大教堂举办的一场弥撒）。切西亲王（左边肖像），罗马社会杰出的顶尖成员，于1603年创立猞猁学院。此后，伽利略的所有著作的扉页上都画上了猞猁学院的这个标志（上图）。猞猁学院目的在于促进成员之间交流信息，思考各种课题，当然是科学的课题，但也可以是哲学的或文学的。每当有需要时，成员们互相支持，对付当局。

他没有料到，就在同时，红衣主教贝拉明向下属要了一份宗教法庭的秘密报告。11年前，这个宗教法庭在罗马活活烧死了布鲁诺，惩罚他断言——还有其他事情——恒星是另外的太阳，别的行星围绕它们运转。主持那次审判的人正是贝拉明。

"浮体之战"过程中，伽利略在看似单纯的领域里迎战一群即将成为他对手的人

伽利略在罗马获胜之后，有人可能以为他的敌人气馁了。但根本没有这回事！反对者认为，既然攻击伽利略的天文学发现时机似乎不利，那么他们就转向另一个领域向他挑衅。

这场争论颇值得叙述一番。首先，故事里的好些人物对这个故事的结局相当重要。其次，它将提醒我们，伽利略与亚里士多德的信徒之间的对抗，范围大大超出了天文学。最后，我们还会看到，关于像"浮体"这样一个单纯的问题，竟有两种类型的推断和论证。

1611年9月的一个炎热的日子，伽利略与大公同桌吃晚饭。在座有几位比萨大学的教授，其一是校长埃尔西，另一位是某个叫科隆贝的人，他可能是反对新观点最激烈的人，他已让人以手稿的形式传阅一本书，骂伽利略是"无耻之徒"。还有两位来访的红衣主教，其中一位是巴贝里尼主教，春天在罗马看过伽利略的天文示范表演。

话题——也许由于天热——落在了冰上，以及冰漂浮在水上的特性。科隆贝和他的同事们立即搬出亚里士多德的有关解释：冰之所以漂浮

17世纪的这架测液天平（下图），其样式是伽利略使用过的。它有一个天平梁，天平梁的一端悬挂着一个玻璃球，装有待测量的液体；另一端系着一个容器，装有同等重量的晶体。液体的密度与晶体的数量成正比。晶体的数量需增减，以求平衡。

在水上，是因为冰的形状呈块状，使冰不致浸入水中，从而不会沉入水底。若没有这种阻力，冰就会下沉，一如任何一种沉重的物体。然而，25年前，伽利略就已经在思考浮体的问题。被任命为帕多瓦大学教授之前，他已经研究了公元前3世纪的希腊数学家阿基米德的著作，制成了一架天平，在把物体浸入水中时用来测量它们的密度。因此，关于这冰块的话题，他有话说。

伽利略首先指出，用力把一片冰浸入水底，一松手它又会浮上水面——在这种情况下，照理说水的阻力会将冰往下推才是。其实不对，这不是阻力的问题，也不是形状的问题，一个冰球和一片冰一样，都会漂浮

与同时代的所有艺术家、学者一样，伽利略也是宫廷人士，仰仗一位亲王的慷慨和保护（上图，科西莫二世的桌前）。1612年，他给巴贝里尼红衣主教这样写道："我受最有声望的、最崇高的主教大人阁下的诸多恩典，永志不忘。最近，在我的爵爷，尊贵的大公的桌前，主教大人阁下支持在下的主张，反驳最有声望的、最崇高的贡扎格红衣主教……窃以为，大人阁下关心的不仅仅是他所保护的一个仆人，而是真理本身。"

在水面上。很简单，因为冰比水轻。亚里士多德的观点——重物与轻物对立，必须抛弃。重和轻是相对的观念，只在两物相比时才有意义！无所谓某一物绝对是重的，某一物绝对是轻的。

比萨大学的教授们岂容伽利略指出他们是错的

　　争论非常激烈，教授们在大公面前极力维护自己的职业声望。在这场无情的辩论中，两位红衣主教应邀作证。其中一位是巴贝里尼——他的同事是亚里士多德的信徒，他本人却站在伽利略这一边！科西莫大公乐于见到科学革新，要伽利略著书立说。这本书后来题献给科西莫大公，出版于1612年5月，书名叫《关于水上漂浮之物或水中运动之物的谈话》。书是用意大利文写的，列出人人能做的实验，既不需要望远镜，也用不着专门

《星际使者》是用当时学者们通用的语言——拉丁文写的，即便如此，伽利略著作的主要部分还是用意大利文发表的，以便人人都能判断他的论据，例如1612年出版的《关于水上漂浮之物或水中运动之物的谈话》（上面示意图）和对反对者的答复（下图）。伽利略并非不知道，他取得公众舆论的支持，只会更加激怒他的对手们。

RISPOSTA
ALLE OPPOSIZIONI

Del S. LoDOVICO delle Colombe, e del S. VINCENZIO di Grazia, contro al Trattato del Sig. GALILEO Galilei, delle cofe che ftanno fù l'Acqua, ò che in quella fi muouono.

的仪器。伽利略在书中列举了他的对手们所有的论据，并一一予以驳倒。此外，他提到空气，说空气是一种非常轻的物体，重量只有水的八百分之一。

浮体之争带来许多后果。首先，佛罗伦萨全城只谈论此事，世家子弟相继决定学习伽利略的数学。其次，伽利略成了巴贝里尼的朋友。最后，他向众多对手证明，在一场公正的争论中，他们根本没有机会赢。科隆贝及其支持者固然发表了一些小册子，针对伽利略的著作含糊争辩，但他们和所有人都心知肚明——如同在天文学论战中未能成功一样，这次他们也输了。

对伽利略的敌人来说，只剩下一个办法可以难倒他：引到宗教争论的领域上来

当时，要让"思想不好"的对手沉默，最可靠、最有效，也是最彻底的办法，就是离开科学的领域，挑起教会的干涉。为了执行这项计划，他们需要盟友，或者不如说同谋——教士。

这个故事中提及不少教士，足以证明当时教会在意大利有多重要。伽利略的威尼斯朋友萨尔皮、克拉维乌斯、罗马学院的耶稣会同事、红衣主教贝拉明、教

巴贝里尼红衣主教（下面肖像，卡拉瓦热绘），思想开明，赞成新观点，1621年成为教皇，封号乌尔班八世。他是文学艺术的重要保护人，本身也是诗人，在教皇任期内发表过一本诗集。但他是一个不得人心的教皇，由于向罗马民众征收苛捐杂税，被民众起绰号为"盐税爸爸"，他的死讯传出，民众立刻欢腾起来。

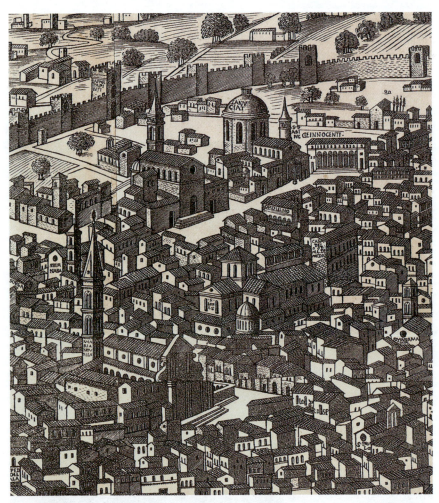

皇保罗五世、红衣主教巴贝里尼等人，个个都是饱学之士，都对伽利略有好感(也许除了贝拉明)。

　　科隆贝欲寻可以做盟友的人——则属于另一种类型：无知，说话粗鲁，性好挑衅，自称为"信仰的看门狗"。这些多明我会（与耶稣会对抗）的修士，在佛罗伦萨拥有圣马可修道院。

　　1612年诸圣瞻礼节在圣马可修道院举行，"看门

17世纪的佛罗伦萨，有个区域自10世纪起就被指定给多明我会（上图）。在该图的左下方，可以辨认出新圣玛利亚大教堂，上方靠近围墙处是圣马可修道院。

狗"发出了第一声吠叫。洛里尼神父公开宣称,说天文学中的新观点"违反《圣经》",只因《圣经》中有章节记录,约书亚要太阳停住。3天以后,洛里尼给伽利略寄去一封信,再次谴责"这种哥白尼的观点",也就是哥白尼的学说。危险看来不太大,伽利略与朋友们一笑置之。这会儿他正忙于一件更有趣的事:观测太阳黑子。

关于太阳黑子,又爆发了一场新的争论

　　首先观察到太阳黑子的人并非伽利略,而是一位不知名的天文学家,他身披熊皮,手执大头棒。事实上,有时某个黑子变得相当大,肉眼都能看到。然而,严肃的理论研究要待望远镜诞生之后才能开始。伽利略自1610年开始观测太阳黑子。

　　观察太阳黑子引发了许多问题,伽利略一直未就此课题发表任何著作。1612年1月,德国发表了《关于太阳黑子的信》。不久,这封信的作者身份被曝光,是一位耶稣会会士沙伊纳神父。

　　沙伊纳从1611年开始观测太阳黑子。他提出的解释令伽利略无法赞同:沙伊纳的解释不过是再一次维护了亚里士多德的宇宙体系。在沙伊纳看来,太阳黑子并不是黑子,太阳既然是一个完美而不动的天体,就不可能有黑子,更别说是多变而活动的黑子了。有

佛罗伦萨的圣马可修道院保存着安吉利科(1400—1455)的著名壁画。安吉利科本人也是多明我会的修士。在一幅壁画《基督受辱》上,圣多明尼克的形象处在圣母一边,正在潜心阅读(下图细部)。这是多明我会的日常宗教作业。该修会今天仍以藏书丰富而著称,一直以《圣经》文书的守护者自居。

人看到的移动并消失的东西，仅仅是经过太阳前边的
小行星的黑影而已！

　　伽利略起初在几封信中做了答复，接着在一本书
中讨论，此书出版于1613年3月，书名叫《关于太阳黑子
的历史和论证》。他先证明，黑子接近太阳边缘时会变
扁平，接着得出结论，说黑子是紧贴在太阳表面的云。
它们靠近太阳边缘时变得越来越薄，几乎像线条一
样，那是因为我们从侧面看它们的缘故。

1611年3月，德国耶
稣会会士沙伊纳首先
观测到太阳黑子。他以
投影的方法观测太阳，
即用一架望远镜把太阳
的形象投影到一张纸上
（下图为他的装置）。16
年间，他连续跟踪探究，
把成果公布在巨著《罗
萨·乌西纳》（右页下

　　另外，黑子越靠近太阳中心，在我们看来它们的运
动就越快。伽利略解释说，太阳以同样的速度自转，当
表面的一个点越接近边缘，我们所见的该点一天运行
的距离就越斜，它的速度也就显得越慢。

　　当然，现在我们知道，太阳黑子并不是紧贴在太阳
上的云，而是太阳表面上较冷的区域。但除此以外，伽
利略是对的。他又给了传统天文学两个严厉的打击。既

图）中。右页上图为伽利
略记载的太阳黑子观测
图。

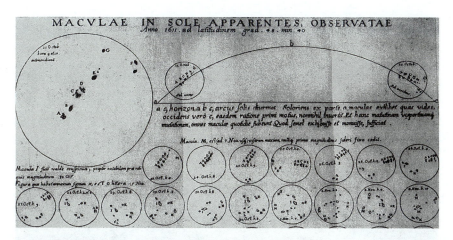

然太阳在自转，那么为什么地球不可能如同哥白尼所说的那样，一天自转一圈？其次，他又一次证明，天空并非静止不动的，可能会产生一些变化，甚至最重要的天体——太阳，也是会移动的。

　　20年后，沙伊纳本人多少接受了伽利略的观点，修改了自己的理论，说太阳表面到处是火山和火海，不再是一个没有黑子的光滑圆球。但是在沙伊纳改变论点以前，伽利略这些用意大利文发表的新论述又要掀起一次对他的攻击，而且比以往几次更加危险。

"总之，反复思考后，我决定得出结论，认定上述的太阳黑子是附着在太阳上的。"

伽利略
致巴贝里尼的信

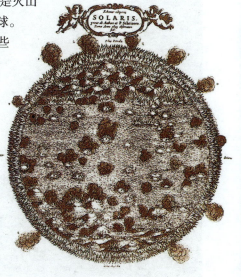

在科学领域里，

伽利略已全面取胜。

但是在这个佛罗伦萨人的成功面前，

因袭传统者们恼羞成怒。

宗教及其法庭将是他们动用的武器，

迫使这位学者沉默。

第四章
伽利略落人
陷阱

"我，伽利略，以
如上供述……"（伽利
略发誓放弃后签字画
押，如右图）"教廷圣
职部向我宣布了禁令，
不得相信谬论，称太阳
处于宇宙的中心……"

Io Galileo Galilei hò deposto come di sopra.

在佛罗伦萨人的生活中，伽利略的4颗星星堂而皇之地登场。但是玫瑰毕竟有刺，甚至是毒刺。1613年也标志着向伽利略宣战的开始，而作战方式并不令人意外。事实上，第一次打击不是直接针对伽利略的，而是对准他的一个学生——卡斯特利神父，一位比萨大学的数学教授。

伽利略的敌人对他的学生不甚友善，但他们知道，打击他就能伤害伽利略。卡斯特利前往比萨就职时，校长埃尔西曾严厉禁止他谈论哥白尼。现在，在精心挑选的场合，他们要诱使他谈起哥白尼。

17世纪初，洛林世家还相当强大，出了一位女性大公，进入美第奇家族，这事倒也不让人意外。她就是克里斯蒂娜·德·洛林（下图肖像）。克里斯蒂娜虔诚而坚强，摄政统治托斯卡那。她的儿子科西莫二世致力于美化佛罗伦萨，组织各种节庆活动。

陷阱渐渐在伽利略周围设下

1613年3月，在一次晚餐席间，当着大公克里斯蒂娜的面，一个比萨大学教授向卡斯特利神父提问：哥白尼的学说是否违反《圣经》？克里斯蒂娜乃是科西莫的母亲，信仰虔诚，在宫廷中很有影响力。比萨大学这群教授果然善于选择听众。卡斯特利一来是本笃会修士，二来支持哥白尼，所以不避争论，妥善平息了大公心中的疑虑。第二天，他向伽利略讲起此事。伽利略决定不让卡斯特利独自承担责任。他给卡斯特

利寄去一封信，明确陈述他在这个问题上的观点，并叮嘱他，让人传阅信的抄本。

伽利略的敌人实现了他们计划的第一部分：把他吸引到宗教领域上来。现在，他们只待挑起事端了。1614年12月，在新圣玛利亚修道院，一个名叫卡奇尼的多明我会修士把《圣经》中的一句话选作布道的主题："加利利的人们，你们为何仰望天空？"加利利是《圣经》里的地名，在今巴勒斯坦，拉丁文拼法和伽利略一样。除了玩文字游戏之外，这是对哥白尼观点和数学的一次猛攻。

第二天，多明我会会长给伽利略写了一封道歉信。信上他表示痛心，他所管辖的4万名修士，不论哪一个犯下"兽行"，他都负有责任。同时，多明我会修士卡奇尼接到他哥哥的一封信，谴责他卖身投靠"科隆贝集团"——人们这样称呼科隆贝领导下的教授一帮人。

对于"科隆贝集团"来说，采取断然措施的机会来了。这时，另一条"看门狗"洛里尼重新出现，他于1612年就已经引人注意。此人得到一份伽利略致卡斯特利信的抄本，随后他转抄了一份，改动几处小地方后，把它送交给了宗教法庭。

同时，卡奇尼亲自拜访比萨宗教法庭的法官。他说"为了减轻良心的负担"，他要求作证，举出伽利略的错误言行。他揭发出不少事情，例如，"伽利略之流"把

"您讲的某些事，由阿里格蒂先生给我转述，使我有机会重新思考自然哲学辩论中对《圣经》的求助……我仅仅补充一点，即使《圣经》不可能错误，但某些对《圣经》的解释和评论却可能弄错，其中最普遍、最严重的一种方式就是仅限于字面意义……"

伽利略
致卡斯特利的信
1613年12月21日
（上图为卡斯特利的肖像）

上帝看作偶然现象。如果法官们要证据，可以读一读洛里尼寄来的伽利略给卡斯特利的信(已经过篡改)，他们还可以询问几位证人(都是洛里尼和卡奇尼的朋友、同事)。

这一回，宗教机器开动了。比萨的法官们岂能放过这样的指控? 他们把文件资料转呈给了罗马宗教法庭。

贝拉明(左图肖像)，耶稣会会士，红衣主教，是当时最重要的神学家。他虔诚致力于维护教会的权威，反对新观点，1630年被奉为圣人，一年后成为教会圣师。

不管愿意不愿意，罗马教会必须干预

1615年2月，伽利略在罗马宗教界的一位好友给他写信道:"您知道，红衣主教巴贝里尼一向器重您。昨晚他还对我说，希望看到您表现得谨慎一些，别超出托勒密和哥白尼的论据，也别越过物理学和数学的界限。因为，依照神学家们的意思，解释《圣经》乃是他们领域内的事。"

神学家们的领袖就是红衣主教贝拉明。他唯一关心的事是把以教皇权威为中心的教会统一起来。他为此奉献了漫长的一生，他已经73岁，他也经历了一些风暴，如特伦托宗教评议会和布鲁诺诉讼案件。正是他，于1611年春天要宗教法庭拟一份关于伽利略的秘密报告。

在罗马发生的这一切，贝拉明当然了如指掌。卡奇尼、洛里尼与一伙人共同控告伽利略"亵渎宗教"。宗教法庭的法官搜集他们的证词时，贝拉明早已明白，这些指控都是不真实的。但是他忙着处理更严肃的事：哥白尼学说与《圣经》矛盾，在教会内部引起不安。这场争论已有80年之久，但是在伽利略的发现公开以后，才变得"危险"，触动了广大公众。

伽利略带给教会不安的气氛

这些矛盾，伽利略如今已公开谈论。教会内部则信念动摇。克拉维乌斯死于1612年，他留下遗言，说必

特伦托宗教评议会（下图），自1545年至1564年召开，其间有长时间的中断。新教的发展令人惴惴不安，宗教评议会的任务在于审慎确立天主教的教义基础。同时评议会还得加强教会的团结和纪律。宗教评议会一开始便带着反宗教改革运动的精神。

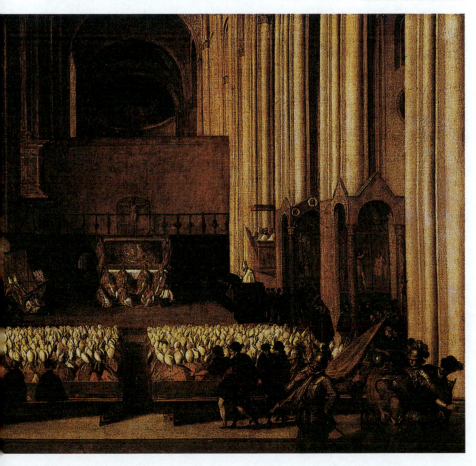

须重新审查正统的天文学。继任罗
马学院院长的人也几乎说出同样的
话。最后促使贝拉明下决心立即行
动的，可能是他1615年3月收到的一
本书。此书作者是那不勒斯的神学
家福斯卡里尼，竟然说哥白尼和伽
利略有理! 福斯卡里尼确定支持哥
白尼，但也向贝拉明征求了对其作品
的意见。

LETTERA DEL R.P.M.
PAOLO ANTONIO
FOSCARINI
CARMELITANO.
Sopra l'Opinione de' Pittagorici,
e del Copernico.
DELLA MOBILITA'
DELLA TERRA,
E STABILITA' DEL SOLE,
E del nuovo Pittagorico Sistema
del Mondo.
Al Reuerendiss. P. M.
SEBASTIANO FANTONE
Generale dell'Ordine
Carmelitano.

IN NAPOLI,
Per Lazaro Scoriggio. 1615.

　4月12日，贝拉明写了回信。一开
始他说，运用哥白尼学说不是坏事，
只要局限在对现象做数学说明的范
围内，但是断定太阳处于星系的中
心就是另一回事了。贝拉明说这种态
度非常危险，不仅激怒了诸位哲学
家和神学家，也与《圣经》相抵触，
损害我们神圣的信念。

福斯卡里尼调和
《圣经》与哥白尼学说
的意愿，明显表现在他
的著作(上图为书名页)
标题周围的画框内。左
边有一棵长知识的树
(几何学、天文学等)，
右边是系列装饰图案，
题材参考教会的信条
(三位一体、上帝无所
不在等)。

　　他信尾所引用的一个论据表明他与对手使用两种
多么不同的语言："'地球永远静止不动，太阳升起并
落下。'写这话的人正是所罗门，从上帝那儿汲取了智
慧的人。若说他的意见会违背已证实或可以证实的真
理，那真是难以相信!"

　　贝拉明这封信抛给福斯卡里尼——间接也给伽利
略——非常明白的选择:将哥白尼的观点说成随意的
数学假设，教会就不为难他们;如果他们坚持将它看作
现实，那便是战斗。

　　两千年前，雅典的希腊哲学家们强迫天文学家
对天体现象只能做数学性的说明，违者以亵渎宗教论
处。从此，天与地截然分开，而亚里士多德强化了这种
观点，并得到宗教界有力的支持。两千年来，宗教当局

禁止"将天与地混淆"！

　　但是现在出现了新的情况：伽利略凭借望远镜获得了新发现。月球山脉、太阳黑子、木星卫星、金星的相位变化，所有这些都看得见，教会不得不承认。因此，强迫天文学家只能做数学上的说明，避开关于世界真实性的任何问题就变得更难了。对贝拉明来说，正因为困难，所以才紧急。他写给福斯卡里尼的信，事实上就是给伽利略的最后通牒。如果伽利略不立即放弃从观察中得出结论，教会就将投入战斗。

　　在中世纪的画集里，天地分开是个重复出现的主题。上帝和他的创造物分别属于两个不同概念的空间领域，就像15世纪这本古书的插图所表明的一样。

伽利略的难题：如果不放弃自己的观点，教会将与他为敌

　　伽利略将会如何选择呢？他当然不希望介入关于《圣经》的争论，但眼下争论就摆在面前，并且来自教会的最高层。伽利略认为，他再也不能后退了。

　　他给罗马教会的一位朋友的信中写道："我不愿意让大人物认为，对我来说，哥白尼的观点只是一种数学假设，没有真实性。由于我十分重视哥白尼的观点，如此一来，别人会认为其他支持哥白尼的人也这样想，

　　乌尔班七世，热衷于大兴土木的教皇，在罗马留下了他的标记。他欣赏贝尔南，让他建成巴贝里尼宫，接着又任命他建新圣彼得大教堂的教皇祭台华盖（于1626年举行落成仪式）。

因而他的理论很可能在实际上并不正确。这将造成误解。"

　　然而,伽利略毕竟是天主教徒,他非常尊重宗教和教会。对他来说,更因为如此,即将展开的战斗越发重要。确实,他担心同时看到他的科学遭禁止,他的信仰因不公正的查禁而负罪。对他而言,宗教与科学是可以

为了这座华盖,教皇毫不迟疑地决定使用万神庙式的铜顶。罗马谚语说:"蛮族人来做的,巴贝里尼们做了。"

(下图为罗马的人民广场。图的左边是美第奇家族的别墅和花园。)

并行不悖的：他本人不就同时既信奉天主教，又支持哥白尼吗？

他决定到罗马去为自己辩护。他先仔细整理了自己的观点，以书面形式提出论据，说明《圣经》与新天文学没有矛盾。在托斯卡那宫廷里，大公克里斯蒂娜无疑是最虔诚的人物，对伽利略颇有好感。他在致这位女大公的一封长信里，便是这样说明的。这封信直到20年后才在斯特拉斯堡印发。此时，伽利略先发出几个手抄本，让它们私下流传。然后，他动身前往罗马。

眼下他最关心的是说服宗教法庭的法官们，卡奇尼和洛里尼对他的攻击是毫无根据的。

他坚持这样做是出于两方面理由：首先，他不愿意像15年前的布鲁诺一样被送上火刑柴堆！其次，就个人而言，唯有被认为无罪，他才可能维护自己的事业——科学。他很快就如愿以偿了。"科隆贝集团"挑起的事端已达到目的，煽动了教会做出反应；现在法官们接到命令，别再坚持这些靠不住的控告。他们正式请伽利略放心，说一切针对他个人的起诉已经停止。

伽利略试图说服教会，哥白尼与《圣经》并不冲突

现在，伽利略没有了后顾之忧，他可以向教会证明：哥白尼的"日心说"与《圣经》的教义并非不能并存。两个月间，从早到晚，他都在积极努力地游说。他热情洋溢，能言善辩，凡是遇见他的人都轻易地被他说服了。

只是他见不到重要人物，贝拉明根本不肯接见他。伽利略寄了书面证据给他和四位重要的红衣主教，但没有获得任何答复，无论有利的还是不利的。

他知道，罗马学院的耶稣会会士有一半已经信服，

"尊贵的殿下想必已有所知，几年以来，我在天空中发现了许多事物，是今人从不知道的。这些发现非常新奇，所得到的结果与哲学学校传授的某些自然命题相反……"

所以学院变得躲躲闪闪。后来得知他们接到修会会长的正式命令，不准说任何反对亚里士多德的话。伽利略不得已，只好求科西莫大公给红衣主教奥西尼写封信，请他干预。科西莫立即照办。红衣主教获准谒见教皇。教皇暗示，伽利略最好放弃他的观点。如果他坚持，这事就与宗教法庭有关。

1616年2月26日，伽利略终于蒙贝拉明召见。他心

"……因此不少教授对我不满，仿佛是我为了扰乱大自然和科学，故意把这些东西搬上天空似的。"

伽利略致托斯卡那女大公克里斯蒂娜·德·洛林的信
1615年

怀忐忑地赴会。只见贝拉明由最重要的多明我会修士簇拥着，向他宣布：决定已于前一天做出。宗教法庭颁布教谕："地球围绕太阳运行的观点是愚蠢而荒谬的，从哲学上和形式上看都是异端的，因为这种观点与《圣经》的教义显然抵触。"

宗教法庭颁布教谕，附加教皇敕令：禁止伽利略公开为哥白尼的观点辩护，否则将被监禁

伽利略未能与对手交锋就输了。谴责哥白尼的宗教集团中，没有一个人读过伽利略的著作！他们服从贝拉明，至于贝拉明本人也只浏览了序言，但这篇序不是哥白尼作的！

教会这项决定由全体教士在布道时宣读，并向所有大学通报。全欧洲宗教法庭的法官们采取行动，在书店里没收了哥白尼及其支持者的著作。尚需等到1822年，教会才正式承认地球围绕太阳运行。

这次失败给了伽利略很大打击。两年间，他经常生病，实际上什么都没有做。1618年，他发现了3颗彗星。像往常一样，爆发了一场论战。伽利略重新露面，用他写的《试金者》为辩论画上了句号。

就在《试金者》发表时，教皇去世了。继任者是红衣主教巴贝里尼，封号"乌尔班八世"。自浮体事件以

"我想说，这部巨著在我们眼前打开了宇宙，然而，如果不首先用心认识该书的语言文字，那么书中论述的哲学是无法理解的。该书是用数学语言写成的，它的文字是三角、圆周和其他几何图形，对一般人来说，不掌握这些就可能一点儿也不懂。"

伽利略《试金者》
1623年

来，他已是伽利略的朋友。伽利略把《试金者》题献给巴贝里尼。1624年伽利略再赴罗马，受到新教皇的热情接待，并获准写书来论述托勒密和哥白尼这两种可能成立的学说。

伽利略用4年的时间撰写这本书，逐章请教皇批评指正，书名定为《关于两大世界体系的对话》。这确实是3个人之间的对话：萨尔维亚蒂维护哥白尼的观点，辛普利西奥代表托勒密的观点，萨格雷多则是个有良知的人，力求明辨是非。

光荣与监禁之间，仅一年之隔

1632年，书终于出版，获得了全欧洲热烈欢迎。从没有任何科学论著享受过这样的荣誉。当然，伽利略不公开支持哥白尼的观点。但如果哥白尼观点是正确的，如果书中维护这一观点的萨尔维亚蒂比他的对手辛普利西奥论据充足，可不是伽利略的错。

不幸的是，教皇身边的人不时进谗言，说伽利略嘲弄了他，写这部书是为了维护哥白尼，头脑简单的辛普利西奥实际上是丑化教皇

在《关于两大世界体系的对话》的卷首画（下图）中，伽利略正在与哥白尼和托勒密讨论。"在我看来，他们是两个最伟大的天才，给我们提供了这样一部作品的材料。"伽利略在给科西莫的继承人，年轻的大公费迪南的题词中这样写道："没有科西莫的干预，伽利略绝不可能获得教会的出版许可。"

本人。这些指控根本子虚乌有：伽利略除非是疯了，否则岂会嘲弄教皇，何况还是一位对他有好感的教皇？但是教皇竟信以为真。

　　书立即被禁，实际上早已售完。宗教法庭再次发威。69岁的伽利略，身体状况极坏，他被传唤到罗马，受到酷刑的威胁，形单影只。科西莫大公去世，他在罗

表现伽利略诉讼案的图画很多，下图是其中之一。确切地说，此图表现最后的庄严场面，以及伽利略悲怆的发誓放弃。画家无疑想展现审讯的气氛。

马的朋友们不是死了，就是慑于教皇的愤怒而不敢表态。1633年6月22日，在新圣玛利亚修道院，多明我会总部，伽利略跪在法官和一大帮教士面前。他身着白衫，发表声明，宣称不再相信他毕生维护的观点。

以这种方式，他才"仅仅"被判处终身监禁。一年之后，他被释放，获准待在家里，位于佛罗伦萨附近的

在托斯卡纳大使馆等待两个月之后，1633年4月12日，伽利略终于被传唤到教廷圣职部接受首次审讯。

"宗教法庭的审讯是可怕的。可怜的人回来时半死不活。"大使写道。

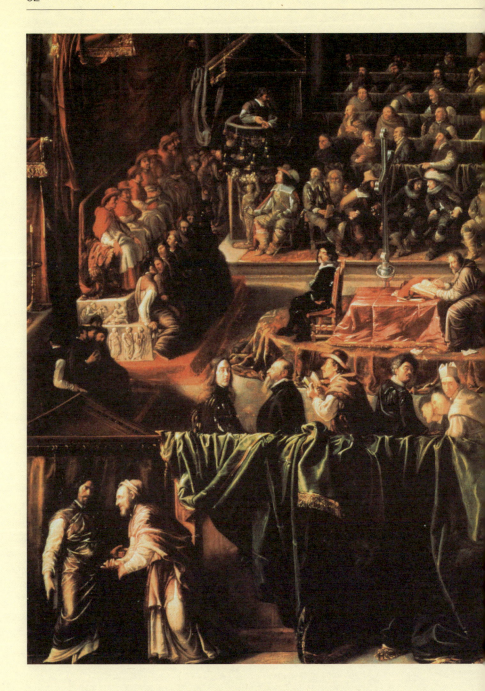

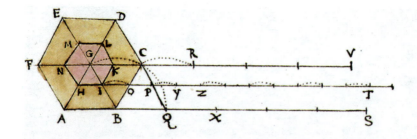

阿切特里。但未经允许，他无权外出，如果没有一位宗教法庭的法官在场，他将无权接待重要的来访者。尽管如此，他晚年还是要写书，一部关于运动的大部头著作，早在帕多瓦时他就已经打算写了。这部《关于两种新科学的谈话》将开创现代力学。伽利略不仅写了，还能够让它出版！是的，秘密地出版。远离罗马，在荷兰的阿姆斯特丹！1638年，逝世前4年，打不倒的老人知道他的书已经出版发行，全欧洲的科学家都在读这部著作。他知道，亚里士多德的观点气数已尽。他还知道，自己赢了！

伽利略的最后一部著作《关于两种新科学的谈话》出版于1638年，右页是手稿的复印件，左图则是几张伽利略亲自绘制的插图。这本书归纳了他在物理学方面的全部成果。说这是阐述现代物理学的第一部著作，绝不夸张。

见证与文献

重大的事物

《星际使者》的前几页里，伽利略宣布了他的全部发现。他先讲如何调好望远镜，然后详细陈述发现的第一个"奇迹"——月球上的山。在《星际使者》这本书里，伽利略尚未公开维护哥白尼学说——为什么要惊吓读者？不如读完，读者自己得出结论！

确实，在这部简短的论著里，我建议研究大自然的人多多观察重大的事物。所谓重大，是由于对象本身特殊、新颖，而过去从不为人所知，凭借着仪器，才为我们所感知。

除了从前仅凭肉眼发现的大量恒星之外，再加上其他许多今人未见过的星星，将它们一并展现在我们眼前，这的确是一件大事。新发现的星星，数量是已知的10倍。

多么壮丽而动人的景象：看见离我们约60个地球半径那么远的月亮，近到似乎只隔两个地球的半径那么远。与肉眼观看时相比，月亮的直径好像大了30倍，表面积大了900倍，体积大了近2.7万倍。

秉持着对可感知之实验或认识的信心，我们由此得知，月亮通体并不具有光滑的表面。相反，月亮的表面凹凸不平，像地球一样，覆盖着高山、深谷和坑洼。

此外，这不仅从理智和情感两方面揭示了大自然，有关星系或银河的论战也因此结束，兹事不容忽视。天文学家们叫作"星云"的那些恒星，它们的性质与从前我们所推测的大不一样，能确知这一点也是很有趣而美好的事。

但远远超过我们所能想象的，并促使我们提醒所有天文学者和哲学家的，是我们发现的4颗流浪的星。这4颗星在我们之前还无人知道或观测过。它们也像金星和水星环绕太阳一样，有自己的公转，环绕某个已知的星球。它们时而超过这个星球，时而尾随这个星球，却从不远离一定的界限。不久前，我用一架在圣宠启迪下设计出来的望远镜，发现并观测了所有这些事物。

随着时间推移，我或别人运用相似的仪器，又完成了一些也许更重要的发现。以下我将先描写这种仪器的形状和结构，以及发明时的情况。然后，我再讲述我的观测史。

望远镜是伽利略获得新发现的关键

大约10个月前，我听到消息，

有个法兰德斯人制造了一架望远镜，用它来观察距离很远的东西，可以像看近物一样清晰。关于这种奇妙的效果，传说不少，有人相信，有人不信。没过几天，有个法国绅士巴杜伟从巴黎给我写信，证实了这则望远镜的消息。

为了能仿造类似的仪器，我专心研究他的说明书。不久，根据光的折射理论，我终于制成了一架望远镜。

我先准备一根铅管，在铅管两端安上两块透镜，每块透镜都有一面是平的，另一面有一块是凸状的，一块是凹状的。然后把一只眼贴在凸透镜上，我看到物体又大又近，比肉眼看时近3倍、大9倍。

接着，我制成了另一架更精密的望远镜，能够把物体放大60多倍。

最后，我不惜工本，制作出了几架非常优良的望远镜，比平常用肉眼看物体时显得大1000倍，而距离近30多倍。

这样一种仪器在多少场合下有用，无论在陆上还是在海上，是不言自明的，不必一一列举。抛开地球上的事物，我转而观察天空。我先看月亮，它好像处在隔地球两个半径距离的位置。接着，我以异常喜悦的心情去观察恒星和行星。我看到为数众多的星星，就试图去寻找能测量它们距离的办法，终于找

到了。现在，我该提供一些特殊的提示给那些想从事同样观测的人。

首先，必须拥有一架构造精良的望远镜。这架望远镜所显示的物像要非常清晰，不能模糊不清，放大率至少400倍，这样才能使物像接近20倍。如果没有一架具备这些优良品质的仪器，就别想看清空中的东西。空中的东西虽然出现在我们眼前，但实际比例却远得多。

谈谈月亮吧

谈谈进入我们视线的月亮的面容吧。为了便于理解，我将较亮的部分和较暗的部分区别开来。最亮的部分似乎布满整个半球，并在

16世纪末的星盘。伽利略想必用过这种星盘。

扩散。最暗的部分像云似的遮掩月面，使它显得污迹斑斑。

这些斑点中较黑较大的，人人都可看到，随时都能观测。我们管它们叫"大斑"或"旧斑"，以区别于其他众多较小的斑点。

这些小斑布满整个月面，尤其是最亮的部分，在我们之前确实从来没有人观测过。经过多次反复观察，我们终于确信，月亮表面不是像许多哲学家所断言的那样，光滑、均匀并接近球状。

事实完全相反，月亮表面是凹凸不平的，充满洞穴和山丘，正如

地球表面上山脉、深谷纵横交错。引导我得出这些结论的现象如下：

月亮与太阳会合后第四或第五天，当一弯新月带着发亮的尖角呈现在我们眼前时，分开阴暗部分与明亮部分的中间线并不沿着一条椭圆形线延伸。对于一个完全球状的固体来说，这条线本该如此。但在月亮上的线条却不平滑，弯弯曲曲。

除明暗分界线以外，在阴暗的部分伸出一些发亮的突起物，在明亮的区域又有一些小块的阴影。有时，大量小黑斑完全脱离阴暗的区域，散落到已被阳光照亮的地方，但"大斑"和"旧斑"除外。

接着，我们观察到这些小斑有如下共同点：它们的阴暗部分转向太阳，而对着太阳的部分，上面似乎镶着一道亮边，犹如正在燃烧的顶峰。这正如旭日东升时，我们在地球上看到的景象。

此时，山谷尚未被阳光全部照到，但面对太阳的这边，群山在阳光中显得光彩夺目。随着太阳升起，地球上洞穴里的阴影逐渐减少。同样，当月球上光明部分扩大时，月面上这些小斑点也亮了起来。

此外，不仅月球上明暗分界线参差不齐，月球阴暗部分里更是有许多光点。这些光点与相隔甚远的明亮区域显然不同。过了一段时

间，光点的面积和亮度逐渐增加，两三个小时后，他们与光明面连成一片。

但与此同时，其他斑点迅速从四面八方大量地产生，在阴暗部分发亮。这些斑点变大以后，终于也与不断扩张的光明面结合。同样的现象仅举一例。但是在地球上，太阳即将升起时，最高的山峰不也是被阳光照亮，同时黑暗仍笼罩着整个平原吗？

此外，月亮上有大量斑点，越接近明暗分界线时显得越大越黑。相反，较远的斑点则显得较淡较亮。但是正如我们上面指出的，每个斑点的阴暗部分总是转向照射的阳光，面对太阳的斑点则转向月球的阴暗面，周围镶着一道光边。

这种有斑点的月面，犹如布满浅蓝色圆眼的孔雀尾巴，又好像趁热浸入冷水的玻璃花瓶，会产生波状碎纹的表面，通常称之为冰玻璃。

我的第三项观察发现是银河的性质和结构。借着望远镜来看，便一目了然。尽管几百年来争执不断，但一旦有了眼见为凭，一切争

昴星团星座（上图）和猎户星座（左页图），均为伽利略在《星际使者》中所绘。

论尽属无用，我也不必辩驳了。

事实上，银河不是别的，只是一堆一堆的星团，如果把望远镜对准其中一堆星团，则会发现那是无数的星星，并且许多是非常大而显眼的。至于小的星星则根本不可能探究清楚。

伽利略《星际使者》

1610年

伽利略诉讼案

1633年6月22日，星期三早晨，伽利略被押送到新圣玛利亚修道院大厅内。多明我会的这座修道院位于罗马市中心。他跪在全体法官面前聆听判决，宣读事先拟定的誓文。

教会的宣判

以仁慈的天主名义，诸位神圣罗马教会的红衣主教，教廷神圣所在地的宗教法庭全体法官，以及各位反对异教堕落的所有基督教团体的特别代表们：

伽利莱·伽利略，已故的温琴佐·伽利略之子，佛罗伦萨人，现年70岁。

由于你1615年曾在本圣职部被指控，把假学说当作真学说，擅自讲授太阳处于宇宙中心的说法：太阳静止不动，而地球并不处于宇宙的中心，却以每日一周的方式运行。为了把学说教给弟子，你与德国数学家们通信，请人出版了一本论述太阳黑子的书，还发表了其他一些包含同类的学说，即哥白尼学说的作品。鉴于这种学说往往与《圣经》相抵触，你便以自己的解释对《圣经》做注解。

接着，有人呈上一封信的抄本，据说是你写给前弟子的信。这封信以哥白尼的观点为基础，有多处主张违背《圣经》的权威及其真正含义。

基于上述理由，神圣法庭为了纠正混乱，并补救加诸神圣信仰的严重损害，兹奉教皇陛下和最高宗教法庭诸位红衣大主教阁下之命，责成若干神学家，对太阳稳定和地球运动这两个命题达成裁决如下：

谓太阳处于宇宙的中心，静止不动。这个命题在哲学上是荒谬的，是错误的，与《圣经》的明文规定相抵触。因此，此命题在形式上是异端。

谓地球既不处于宇宙中心，也不是静止不动的，而是在做自转和绕日运动。这个命题在哲学上也是荒谬和错误的。若从神学的真实性来考虑，此命题至少就信仰上而言是错误的。

伽利略发誓放弃

伽利略乍聆判决，十分震惊。但迫于情势，他不得不宣誓放弃他毕生维护的观点。

"我叫伽利莱·伽利略，已故佛罗伦萨的温琴佐·伽利略之子，现年70岁，亲自出庭。跪在诸位尊敬的红衣主教大人及代表全体基督教徒反对异端邪说的伟大法官面前，双目注视我按着的《圣经》。

我发誓，无论过去、现在还是将来，凭借上帝的圣宠，我对神圣罗马天主教会的教导、劝诫和确认为真的事物，一概深信不疑。

但是，虽然教廷圣职部向我宣布了禁令，不得相信谬论，谓太阳处于宇宙的中心，静止不动，而地球不处于宇宙的中心，正在运行；虽然明令禁止我不得以任何方式——不论是口头还是书面——坚持、辩护或讲授这种错误的学说；虽然正式告知上述学说与《圣经》相抵触，我却撰写并请人印制了一本书，阐述这种受到谴责的学说，为它提供一种很有说服力却不带来任何最终答案的论据。

由于这件事，我势必被怀疑为异端，曾坚持并相信太阳处于宇宙的中心，静止不动，而地球不处于宇宙的中心，却正在运行。

因此，为了在诸位大人和一切忠诚的基督徒心中抹去这种对我必然产生的怀疑，我真心诚意而不是装模作样地发誓，放弃并诅咒上述异端邪说，以及其他一切违背神圣教会的异端邪说和举动。

我发誓，将来不再在口头上和书面上发表任何足以引起对我类似怀疑的言论。如果我遇到这样一个异端分子或嫌疑分子，我将向圣职部，向宗教法庭的法官，或向我居住地的教区主教告发。

我还发誓，圣职部在过去或将来给我规定的赎罪苦行，我都保证严格执行并遵守。倘若我违背一项自己的诺言和誓言——但愿不会——我愿意服从神圣教规，以及其他针对类似犯人的根本法所规定并颁布的处分与惩罚。愿上帝和我按着的《圣经》帮助我。"

搬上舞台的伽利略

1939年，德国剧作家布莱希特写了一个剧本《伽利略传》。在下文这段节录中，通过伽利略这个人物，布莱希特想到同时代的学者们，呼吁在制度上资助文化事业。

伽利略把望远镜卖给校长，威尼斯共和国的代表

校长夸耀望远镜会给共和国带来利益，伽利略用隐语解释望远镜的科学功能。

伽利略：阁下，尊敬的元老先生们！身为你们帕多瓦大学的数学教授兼威尼斯大兵工厂厂长，我一向认为，我的职责不仅是完成崇高的教学使命，而且要以有用的发明，为威尼斯共和国创造非凡的利益。今天，我怀着无比欢乐和恭顺的心情，向你们呈现一件最新的仪器，我的望远镜。这架天文望远镜是按照最高的科学和基督的原理，在你们举世闻名的大兵工厂里制造出来的，是你们忠诚的仆人17年来专心研究的成果。（低声对萨格雷多）浪费时间！

萨格雷多（低声）：你有钱可以付给肉店老板了，老头子。

伽利略：对，他们要发财了。

校长：（走上平台）阁下，各位尊敬的元老先生们！在伟大的艺术记录里，又一次添上威尼斯光荣的一页。一位具有世界声望的学者献给你们，也只献给你们，一种销路看好的望远镜。想到过吗？战争期间，若我们有了这种仪器，便能比敌人早两个小时辨认出他们船只的数量和种类，知道他们的强弱，然后决定我们是追击、迎战还是撤退。现在，阁下，尊敬的元老先生们，伽利略先生请你们从他可爱的女儿手里接受他发明的仪器，这是他心血的结晶。

伽利略（低声）：我无法向你保证，我受得了这场闹剧。他们以为得到的是一件赚钱的玩意儿，其实远远不止于此。昨天夜里，我用这个圆镜筒观察了月亮。

萨格雷多：看到了什么？

元老们：我能够看到圣罗西塔城堡，伽利略先生。那边，他们正在船上吃午饭，烤鱼。我都要流口水了。

伽利略：告诉你，1000年来天文学停滞不前，就因为没有望远镜。

元老甲：伽利略先生！

萨格雷多：人家跟你说话呢。

元老甲：用这个东西可看得太清楚了。该告诉这些女人，不要在阳台上洗澡了。

伽利略：你知道银河是由什么组成的？

萨格雷多：不知道。

伽利略：我却知道。

元老甲：这东西能值10个埃居金币，伽利略先生。

维吉尼亚：爸爸，卢多维科先生要向你祝贺。

卢多维科：恭喜，先生。

伽利略：我把它改进了。

卢多维科：是呀，先生。我看到您做了一个红色匣套。在荷兰，套子要做成绿色的。

伽利略：我甚至想，能不能用这东西证明某种学说。

萨格雷多：你当心点儿。

校长：那500枚金币是您的了，伽利略。

伽利略：当然，仓促做出的结论，我总是很怀疑的。

校长：伽利略先生，这是总督阁下。

伽利略：好啊，500金币！阁下，您满意吗？

总督：真不幸，在共和国里，要给我们的学者不少好处，总得向元老先生们提出理由。

校长担心伽利略卖给他们一个不值钱的荷兰发明物

伽利略用望远镜向他的朋友萨格雷多展示天文新发现，校长却赶来责问这位学者。

伽利略：月亮可能像一个有高山深谷的地球，地球也可能是一个星球，无数天体中一个普通的天体。你再观察一下，月亮的暗部完全黑暗吗？

萨格雷多：不是。现在我注意看，发现上面有一层银灰色的微光。

伽利略：这是哪儿来的光呢？

萨格雷多：？（无言）

伽利略：这是来自地球的光。

萨格雷多：荒谬。地球有山脉、森林和河流，这样一个寒冷的物体，怎么会发光呢？

伽利略：就像月亮一样发光。这两个星球都是被太阳照亮的，所以它们才能因反射而发光。我们看月亮，就像月亮看我们。从它那儿看，地球有时能月牙形，有时是半圆形，有时是浑圆形，有时完全看不见。

萨格雷多：这么说，月亮与地球没有任何区别吗？

伽利略：从外表看没有。

萨格雷多：不到10年前，有个人在罗马被烧死了。他叫布鲁诺，他就是持这种看法。

伽利略：没错，我们知道有这回事，但也亲眼看到了这个，你把眼睛贴近望远镜，萨格雷多，就会发现天与地是没有区别的。今天是1610年1月10日，人类在日记上写下：天堂消失。

萨格雷多：真可怕。

科西莫二世视察。《伽利略传》，法国国立剧院演出，1957年。

伽利略：我还发现了一样东——也许更叫人惊奇。

校长：请原谅我来得这么晚，如能跟您单独谈谈，将不胜感激。

伽利略：普里乌利先生，凡我能听的，萨格雷多先生也都能听。

校长：不过，要是这位先生听到发生这样的事，您也许不会愉快的。很遗憾，这真令人难以置信。

伽利略：萨格雷多先生跟我在一起，碰到难以置信的事已经习以为常了。

校长：我担心，我真的担心。（指着望远镜）对，就是这个大名鼎鼎的家伙，您可以把它扔掉了，一文不值，绝对一文不值。

萨格雷多：怎么回事？

校长：知道吗？您当作17年研究成果的这项发明，现在用几个金币就能在意大利每个街角买到，而且是荷兰造的。这会儿，有艘荷兰货船正在码头上卸下500架望远镜！

伽利略：真的吗？

校长：我不懂，您为何如此镇静。

萨格雷多：您到底担心什么呢？告诉您吧！这些天，伽利略先生用这个仪器，提出了有关天体世界令人震惊的发现。

校长：听着，为了这件废物，我设法给伽利略先生增加了一倍薪水。元老先生们以为只有我们能够制造这种仪器，以为它会给共和国带来利益。他们第一次用它观看时，虽然放大了7倍，却没有看见最近的街角上，有个普通小贩正在拿这种望远镜换一块面包，这个发现对我已经足够了。

萨格雷多：亲爱的普里乌利先生，我也许不能从商业观点判断这个仪器的价值，但从哲学观点看，它是价值连城的。

校长：从哲学观点看？！伽利略先生是数学家，与哲学有何相干？伽利略先生，您从前曾为我们的城市发明一种很实用的抽水机，您的灌溉设备也发挥了效益，织布工人夸奖您的机器。我怎么会料到，现在您居然拿出这样一种东西？

伽利略：不要这么快下结论，普里乌利。海路漫长，又不安全，费用昂贵，全因为我们在天上缺少一种可靠的时钟，一个航海的向导。然而，我敢说，用这种望远镜，我们能清楚观察到某些运行很有规律的星星。这样，新的星象图就能为航海省下不计其数的钱，普里乌利。

校长：算了吧，我听够了。您用这种方式报答我，让我成为全城的笑柄。别人永远会记得，我这个大学校长，怎样卷进一场毫无意义的望远镜风波。您笑吧，反正您薪金增加了500块，但是我要告诉您，听着，这是一个正派人士说的话：这个世界真恶心！（他离去，把身后的门砰的一声关上）

伽利略：他发脾气时倒是讨人喜欢。听见了吧？在一个不能做买卖的世界里，他觉得恶心。

萨格雷多：你听说过这种荷兰仪器吗？

伽利略：当然听说过。但是我为官府那些吝啬鬼设计的这架，比荷兰的好上两倍。你想，要是法庭执行官待在我屋子里，我怎么工作下去呢？维吉妮亚很快就需要一份嫁妆，她不是聪明的姑娘。再说，我喜欢买书，又不仅仅是买物理书。我还讲究吃喝，吃好东西时我常常产生灵感。真是一个腐败的时代！他们给我的钱还没有给为他们拉酒桶的马车夫多呢。两堂数学课才值16立方米左右的木柴。现在，我从他们那儿争取到每月多一些钱，可是我仍负债累累，甚至有20年的陈年老账。要是有5年安定的时间从事研究，我早就证实了我想做的一切。来，我再给你看点儿别的东西吧。

萨格雷多：伽利略，我似乎有种恐惧的感觉。

伽利略：现在，我让你看银河上一片乳白色发亮的云雾。你告诉我，它是由什么东西组成的。

萨格雷多：那是数不清的星星啊。

伽利略：仅猎户星座就有500颗恒星。那个被烧死的布鲁诺曾经说，这些是最遥远的星星，无数个世界，各式各样的世界。他没有看见过那些世界，但他期待有一天能看见！

萨格雷多：就算地球是个星球吧，这离证实哥白尼的地球绕日学说还远着呢！太空中，没有一个天体周围有其他天体绕着自己转动，但是月亮始终绕着地球转。

伽利略：我正在想这个问题，萨格雷多。从前天起，我就在想。你瞧，这是木星，在它附近有4颗小星球，只有用望远镜才能看到他们。星期一我看见这4颗小星球时，没特别留意它们的位置。昨天我再次观察，我敢打赌，这4颗小星球的位置全变了。我把这记录下来了，但是它们的位置又变了。这是怎么回事？我可是确实看见过4颗。喏，你看！

萨格雷多：我看见3颗。

伽利略：第四颗在哪儿？这是表格。我们一定要计算出这些星球是怎么运行的。

布莱希特
《伽利略传》
1993年

浮体之战。《伽利略传》，法国国立剧院演出，1957年。

两种新科学

《关于两种新科学的谈话》由伽利略撰写，当时他正被限制待在佛罗伦萨附近，阿切特里的家中。书中是3个人之间分4天进行的一场辩论：萨尔维亚蒂为伽利略的化身，辛普利西奥代表旧时的亚里士多德学派，萨格雷多是个没有成见的诚实人，只要提出的论据合理，随时准备信服。

辩论的背景是威尼斯兵工厂的建船工地。萨尔维亚蒂启发式阐述的新科学没有在大学里教授。这种新科学是借鉴工长们的知识发展起来的。这些人虽非学者，其知识却很有效，他们建造的船能抵御任何暴风雨而不破碎。

第一种科学，为何巨人们不能超越某种身材

正好，有个工长来对三位绅士说："就机器而言，不能做小的""许多草图，制成小比例的成功了……却不能把形体换成大的。"萨格雷多把这种断言视为"民间的谬论"。萨尔维亚蒂回答，不，我给你"用几何（即用数学）来证明"这种说法是正确的，我要改造一下民间"格言"，你不予以认可没错，既然正误的概率各半，但对科学真理，你是不能不信服的。

接下来的成百页探讨似乎离题，但最终又回到讨论的问题上来："了解牢固凝聚结实身板各个部分的原因"——今天我们命名为材料力学，研究对破裂和变形的抗力。萨尔维亚蒂以数学论证作为支持，解释为何巨人们不能超越某种身材。"为了举例简要阐明我所说的，"伽利略的化身萨尔维亚蒂说道："我出示一根骨头，其长度仅仅增加3倍，但粗度扩大到能撑住一个大身材动物的身躯，起到一个小动物的小骨头同样的作用。你们看到这根骨头如何增大到了不成比例的形状。"

"因此，很明显，"他总结说，"如果想要一个特别高大的巨人保持一个普通人四肢的比例，那就必须或者找到一种更坚硬、更有抗力的材料来构建骨头，或者承认与强壮的普通身材的人相比，巨人会按比例虚弱得多；否则，无节制地增加身高，巨人会在自己体重的压力下而弯腰曲背，以致垮掉。这就是为何那个工长说得有理，人们无法依照编比模型建造一艘坚固的船，模型可能很结实，可船却会在

自身重量的压力下垮掉。"

两种新科学中的第二种，力学

《关于两种新科学的谈话》第二部分，用于论述关于运动的新科学，此后称为"力学"。在某些篇章中，伽利略不再隐身于他的传声筒——萨尔维亚蒂身后，他写道："我们带给最古老的课题一种全新的科学。以往哲学家们用于写运动的论著数量不少，部头很大，但其性质也许仍未说清……"与关于材料的理论相反，第二种理论之新不在于课题，那已大量论述过了，而在于构思运动的方式。这种新科学并非无中生有，他从已经观察到的事实，尤其是物体坠至地面的著名实验出发。"正是这些事实……即将被论证。"又一次说明，重要的不是没完没了地推理，而是论证，严密的论证。因此，伽利略补充说，"我认为紧要的是，给一种既广博又卓越的科学打开通道，我自己的工作将标志着开始……"人们可能会想，某些人一定会这样想，伽利略在吹嘘，他变成了夸大狂。然而，现代物理学，建立在实验基础上的、数学化的物理学，长期（直至19世纪）等同于力学的物理学，正是诞生于这篇《谈话》的第三"天"的。

伽利略论速度

伽利略为各种描写、表述运动的概念分门别类。亚里士多德认为运动是一种地点的改变，"改变"总范畴内的特殊种类，如同成长（改变个子）、腐烂（改变"本质"）。伽利略设想的运动与之不同，仅仅是从空间的一点运行到另一点，不涉及物体经受的内部变化。伽利略着力打造的一个概念是瞬间速度。今天一辆车的瞬间速度可以每时每刻（正确地）在仪表板的一个标度盘上看到。人们难以想象伽利略必须付出多大努力才能从平均速度的观念转入瞬间速度的观念。一辆车用一小时跑完100千米，平均车速为100千米/时；这并不意味着速度表上的指针在一小时内固定待在100上，它该有时指向50，有时指向120。

人类必须经历几个世纪才能区别一个概念，而今天，一个孩子生活在技术世界里，受到前人概念更新带来的一系列后果的培育，从5岁起就能不假思索地做出这种区别，想到这里，不由得令人感慨。

巴利巴尔

相对原理

今天，所有的人在空中旅行时都能证实，把咖啡倒进一个杯里，流动的状态与人在地面上没有差异，无论停止或飞行时都一样……只要飞机笔直前行，既不加速也不减速。"相对原理"认为，两个"参照物彼此一致均匀移动"时，运行的状态相同。伽利略是个优秀的科学普及者，以更富有诗意的方式加以描述。

在船的甲板上

把你和一个朋友关在一艘大船的甲板下的一间大舱里，带上一些苍蝇、蝴蝶和其他会飞的小动物，再配备一个大器

皿，装满水及几条小鱼，把一个小桶挂起来，让桶内的水一滴接一滴地掉入另一个放在下边、开有小口的罐子里。船未开动时，你仔细观察那些小动物正以同样的速度飞向船舱的四面八方，观看小鱼自在地来回游动，水珠逐一滴入下边的罐子里；你若把一个东西扔给朋友，无论什么方向都用力相同……你仔细观察这些时，让船按你的心意开动，只要船速是均匀的……你将看到刚才显示的现象毫无改变。没有任何现象能让你区分船是行驶的还是静止的……你若把一个东西扔给

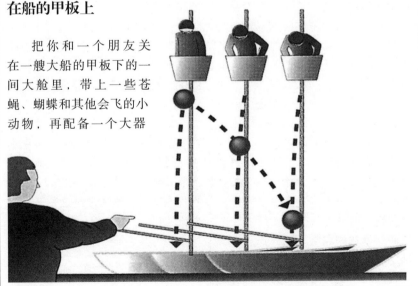

按照相对原理，从桅杆高处放下一个铅球，其运动轨迹从船上观察是一条直线，从不动的码头上观察则是一条抛物线。

朋友，用不着增加力气，不管他处在船首或船尾，水珠像以前一样滴入下边的罐子里……鱼儿往前或往后游都不显示疲倦……最后，蝴蝶和苍蝇继续不在意地朝各个方向飞行……

（《对话》，105页）

运动的新定义

运动成为运动，行动作为运动是相对于不动的物体而言的，但是对参与的所有物体来说，它们并没运动。它们好像如此，其实，一艘船装载的货物还是运动了，从威尼斯出发，经过科孚、康蒂、塞浦路斯，直到阿勒普。威尼斯、科孚、康蒂等是固定的，没有随船运动，但是船上载满的大大小小包装的货物，就它们与船的关系而言，它们自威尼斯到叙利亚的运动，却好像是不存在的。其实，运动对他们来说是共同的，它们同样都参与了。

（《对话》，142页）

相对原理在地球转动上的应用

一切（为地球不动辩护的）作者提出的最强有力的理由是，重物自高至下以直线坠落，与地球表面呈直角。在他们看来，这是为地球不动辩护的一个无法反驳的论据。

如果地球周日自转，那么从塔顶上让一块石头掉下，就会被地球的旋转带走……他们用另一项实验来确认这种结果：让一个铅球从静止不动的船桅杆顶上掉下，记下铅球的着地处，与桅杆的底部很接近；当船开动后，如果让同样的铅球从同样的地方掉下，那么铅球的撞地处就会远离上一次的着地处，其距离等同于坠落期间该船行驶的距离……

（《对话》，152页）

然而，伽利略说，上述推理是错误的，这样断言表明这些人没有做过此类实验。因为，依照相对原理，即使船开动了，物体也会以同样的状态运行：铅球就应该掉在桅杆底部。铅球与船的关系，相当于地球上从塔顶坠落的石头。无论地球不动或在运动，石头都应该掉在塔的基部。上文亚里士多德学说的信徒们"提出的理由"，不成为一个理由。

伽利略
《关于两大世界体系的对话》

伽利略书简

读伽利略的书简，其性格宛然浮出，读来让人心有所感：总有一天，锲而不舍的精神会引导他发现真理。

致开普勒，于格拉茨

1597年8月，伽利略写信向他的德国"同事"开普勒（1571—1630）请教。开普勒正致力于发现行星运动的定律。

博学多才的人：

您的著作由安贝尔格送来，我是几小时前才收到的。由于安贝尔格说他要回德国，我想，如果我不给您写信道谢，就太忘恩负义了。我要报答您，尤其因为您送了我书，我更要回应您的友谊。

您的著作我才读完序言，但我已能看出您的某些意图。当然，在探索真理的过程中，有您这样一位真理的朋友作为同盟，对我来说真是快乐无比。不走入伪哲学歧途的人，执着追求真理的人那么少，确乎可悲。

但这不是悲叹我们所处时代的时候，我不如也与您一起庆贺那证实了真理的杰出发现。我想，我以平静的心情读完您的著作后定能获益良多。我非常高兴读您的书，因为多年以来，我已信奉哥白尼的学说。借着这个学说，我发现了大量自然规律的原因是一般的假设所无法解释的。

我在这方面写了许多评述、论证和辩驳文章，至今未敢发表，乃因我们的大师哥白尼的命运的确吓坏了我。他，即使确信在某些人那里能获得不朽的荣誉，然而另一方面，在其他许多人那里却要遭到嘲笑和蔑视（蠢人何其多也）。

当然，倘若有许多和您一样的人，我会鼓起勇气将我的想法公之于世的。但是这样的人太少，我宁愿搁一搁，推迟到以后再说。

时间紧迫又着急想读您的书，我就结束这封信吧。同时声明，我在一切事上都愿为您服务。请保重身体，欢迎以后继续得到您的音信。

爱慕您荣誉和姓氏的
帕多瓦学院数学家伽利略
1597年8月
于帕多瓦

致朗迪西

向威尼斯总督展示了望远镜之后，伽利略给他的亲戚朗迪西写信叙述他发明的经过。

大概两个月以前，从法兰德斯传来消息，有一架望远镜献给了拿骚伯爵。这架构造精致的望远镜能让很远的东西显得犹如近在眼前，2千米以外的人也能看得清清楚楚。

这种奇妙的效果引起我的思索，由于它似乎以透视法为依据，我便想仿造（仪器）。我终于制成一架望远镜，它非常完美，在效能方面超过了法兰德斯那架。

消息传到威尼斯……6天前，我蒙尊贵的市政议会和元老院召见。我向他们呈上望远镜，众人叹为观止。许多贵族和元老不顾年老体衰，爬楼梯到威尼斯最高的钟楼上，观看遥远的大海、帆樯和大船，上上下下爬了好几次。倘若没有我的望远镜，他们必须朝港口快跑两个多小时才看得到。

由于望远镜不论在海上或陆上都明显地大有用处，再加上看到尊贵的亲王如此欣赏它，我决定于本月25日到学院去，把望远镜面呈给殿下……不久之后，大学改革者之一，行政长官普里乌利大人从学院出来，他握住我的手对我说，我17年来在帕多瓦的服务，学院给予极高评价。鉴于我谦恭的表现，他立即下令改革派，任命我为终身教授，薪水每年1000金币。

伽利略书简
1609年8月29日

元老赞叹不已

普里乌利作为威尼斯共和国的一位主要行政长官和教育界人士，出席了新仪器望远镜的展示会，就此写了一篇热情的报道。

1609年8月21日，敝人（安托尼之子），行政长官普里乌利，在伽利略先生、孔塔里尼、索兰佐和杰出的教授卡瓦利等陪同下，前往圣马可钟楼观看奇迹，所谓的伽利略望远镜的奇特效果。

这架望远镜用一根铁管构成，外边包一层深红色呢绒，长约37.5厘米。两端各有一个透镜，大小如一枚金币，一端为平面加凸透镜，另一端为平面加凹透镜。

我们将一只眼贴在望远镜上，闭上另一只眼，除了能清晰地看到菲齐纳、马格拉、基奥加、特雷维兹以外，最远可以看到科纳格利亚诺。接着能看到帕多瓦圣朱斯蒂娜教堂的正面和钟楼，能认清进出穆拉诺的圣雅各教堂的人，看到有人登上贡多拉或从贡多拉上下来，抵达维特里埃运河入口处，科隆那的"特拉格托"，以及潟湖和城区的其他许多细部。确实令人称奇。

致朱李恩·德·美第奇，于布拉格

1611年1月1日，伽利略给朱李恩·德·美第奇写信，向她解释了3个月以来观察到的金星相位的变化。

伊尔夫人、蕾韦尔夫人和尊敬的大人：

现在是时候了。我要向伊尔夫人、蕾韦尔夫人，并通过她也向开普勒先生诸位解读几周前我寄给开普勒先生的词序颠倒的信。我说是时候了，因为事实真相完全清楚，我已没有任何顾忌和疑虑。

你们知道，近3个月以来，晚上金星一出现，我就用望远镜仔细观察，想亲眼看看我的理性不再怀疑的现象。起初，我看见金星的外形是圆的，清晰、完整，但很小。

它保持着这种形状，直到有一天，形状开始变化，越来越大，逐渐接近它与太阳间的最大目视直径。接着，金星远离太阳的东面，

开始不再呈圆形轮廓。

没过几天，它减缩为完整的半圆形。半圆形维持了一阵子，它开始脱离切线，退向太阳。这时它又不再是半圆形，而呈新月形，变得越来越细，缩成两个瘦长的尖角，直到完全隐匿。

接下来的一天早晨，我又发现它以很细的新月形出现，尖角转向背对太阳的方向。它渐渐增大，大到最大的目视直径，然后从最大的目视直径又成为半圆形，一连几天没有变化。接着，它从半圆形迅速过渡到圆形，浑圆的形状保持了几个月。但它这时候的目视直径，是它夜晚出现时的将近5倍。

这次奇妙的观察显然论证了两个假设，两个古往今来世上最聪明的人都持怀疑态度的假设。

第一个假设：所有的行星都是天然不发光的（因为金星是这样，水星也会是这样）。第二个假设：金星必定在环绕太阳运行，水星和其他一切行星亦同。关于第二个假设，毕达哥拉斯学说的信徒们，哥白尼、开普勒和我都深信不疑，但一直没有确凿的证据。

现在我们在水星和金星方面有了证据。开普勒和其他哥白尼的支持者能以正确的信念为荣了。我们的研究是对的，尽管迷信书本的哲学家过去和现在都说我们无知，或

几乎是疯子。

因此，我寄给您的信里，那句由字母颠倒而成的话："Haec immature a me iam frustra leguntur, O.Y."一旦恢复顺序，就该读作："Cynthiae figures aemulatur mater amorum."意即"金星模仿月亮的相位"。

3天前的夜晚，我观察了月食，没有看到值得注意的现象。我只见到除了阴影的边界模糊不清，月亮似乎被浓雾笼罩，原因是来自非常遥远的地球阴影。

我还想给你们描写其他细节，但几位贵人耽搁了我很多时间。现在已经很晚，我不得不结束这封信了。

请代问候开普勒、哈斯达尔和赛格特诸位大人。敬吻伊尔夫人的手，求上帝保佑她。

伊尔夫人和蕾韦尔夫人的
不胜感激的仆人伽利略
1611年1月1日于佛罗伦萨
《对话和书简选》，伽利略

致克里斯蒂娜·德·洛林贵夫人

伽利略被指控违背《圣经》，他在致托斯卡那女大公的一封长信中辩解说，神学和科学不是互斥的。因为在他来看，《圣经》的目的不是描述宇宙。

天文学确切地说是这样一种科学，它论及的事物极少，除了太阳、月亮及金星之外，甚至未提及行星的名字，使用启明星的名称也仅仅一两次。因此，即使作家们企图向民众讲授天体的布局与运动，即使今后我们也该了解这些有关信息，但我认为，与这门科学理应包容和证明的无数奇妙命题相比，天文学著作讲到的事物实在太少了。

综上所述，既然圣灵不愿告诉我们宇宙是运动的还是静止的，宇宙的形状是球状，地球是处在宇宙的中心还是处在宇宙的边缘，那么圣灵也就无意让我们对其他同类的命题做出明确的判断。刚才提及的问题都是有关联的，不首先答复前者，就无法决定后者的面貌——我所谓的命题就涉及这个地球、太阳的运动或静止。再说，如果圣灵由于这些命题与我们的得救无关而故意不教给我们答案，那么今天人们又怎么能确定这两个命题中一个符合信仰，另一个是谬误，这样做有绝对必要吗？一种与灵魂的得救毫无关系的观点能是异端吗？换言之，一件与我们的得救有关的事，圣灵会不愿教给我们吗？这方面，我愿重复一个教职品级很高的人所说的话：圣灵的意图是教我们怎样进入天堂，而不是怎样去天堂。

伽利略
《致克里斯蒂娜·德·洛林的信
和其他关于哥白尼的著作》

作家伽利略

"我也许搞错了，但我相信在伽利略的写作和思维的方式中，可以察觉出他的高尚气质的某种特征和效果。"这是19世纪意大利作家莱奥帕尔迪的见解，强调（伽利略的）"写作和思想的高尚，一种恰如其分的既不冷漠也不嘲讽，又不掺杂其他因素的高尚。"

作为对莱奥帕尔迪的回应，卡尔维诺1986年对新闻记者宣称，伽利略是意大利最伟大的作家，并说明了理由。

一种文学修养

伽利略使用语言不是作为一种中性的工具，而是带有文学的细节，带有持续的、生动的、想象的，甚至抒情的参与性。我读伽利略的著作时，喜欢寻找他谈论月亮的章节，破天荒第一次，这个天体对人类来说成为一个真实的客体，像一个可触碰的东西被仔细描绘；然而，月亮刚刚出现，读者就在伽利略的语言中感受到一种冉冉升起的稀疏氛围，于是产生了迷人的悬念……科学家伽利略观察世界的目光是由文学修养培育的……但丁亦是如此，他通过文学语言设法构建宇宙的形象。这就是从但丁至伽利略，意大利文学的一个不同寻常的使命：文学作品构思成为世界地图，成为可以了解的事物。求知欲推动写作，时而为了认识神学，时而为了认识思辨，时而为了认识魔法，时而为了认识百科，时而为了观察异象，时而为了喜爱自然哲学。

奇异的隐喻

线条作为运动的符号，作为运动的乐趣，作为运动的反常现象。伽利略不愧是发明奇异隐喻的著名作家，同时又具有严谨科学家的才能。他在《关于两大世界体系的对话》里争论地球环绕太阳运行时，创造了许多华丽的形象，其中有一次,涉及一艘船、一支笔、一条线。

一艘船从威尼斯启航，驶向土耳其的亚历山大勒塔湾：人们想象船上有一只羽毛笔，画下了航程的迹线，穿过整个东地中海，直达目的地……这条线将是一道匀称的圆弧，十分完美，即使"随着该船或多或少的波动，而这儿和那儿或多或少出现一些弯曲"。

卡尔维诺
《挑战迷宫，评读文集》第1卷

伽利略改词

Anagramme的意思是改变一词字母位置构成另一词，例如Marie（玛丽）＝aimer（爱）。使用Anagramme，以包含谜语的方式揭示一项科学发现，在17世纪的学术界非常盛行。1669年，惠更斯就曾试图向规范学者之间交流方式的皇家协会建议，把这种用法制度化，以便保护学者的发现权。

1610年，在《星际使者》中，伽利略公布了他运用望远镜观察所取得的第一批成果：月球的凹凸不平的表面、大量新星、银河的构成、存在的木星卫星等。该书出版后几个月内，伽利略继续观察，但他把某些新发现运用Anagramme的形式告诉别人，以确保他的观察成果的优先权，同时争取时间对这些成果继续提炼、检验……

对于土星的独特形状，伽利略尚未分辨出光环，但他相信土星由3个汇集的行星构成，于是写出下列密码：

Smaiemrmilmepoet-
alevmilunenugttariruat

这个"信息"被发送到布拉格，由开普勒找到如下答案：

Selve umlirtine geminatum Martia piolet

这句话意思是：你好，有双重保护，火星的怪物！开普勒猜想，伽利略发现了两颗卫星（双重保护），是火星（盾为其标志）的（怪物）。开普勒把umtirtineum这个词（由"盾形纹"umlo组成的新词）解释为"半野人"。这句诗押韵完美，他满意地确认。

然而，不久以后伽利略揭示的答案是这样的：

Altireimum planetum tergeminum oteeruaui

意思是：我观察到最高那个行星是3胞胎。通过望远镜，伽利略确实观察到土星不是圆的，而是左右各呈现出一个赘生物，似乎这个行星是由3个汇集的星体构成的。

阿利恩
《从开普勒至麦克斯韦，
科学的修辞结构》
瑟伊出版社，2004年

爱因斯坦看伽利略

1953年，爱因斯坦逝世前两年，应邀为《关于两大世界体系的对话》第一本英译本写序言。他赞赏现代物理学奠基人的作品，但还不至于掩饰其局限性，更不至于原谅这位伟人的弱点。

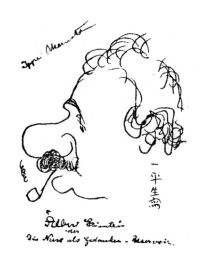

人们看到，《关于两大世界体系的对话》显示出作者具有感人的意志、智慧和勇气，表明他是理性思想的代表，反对利用无知民众和怠惰的教士，哪怕他们穿着礼服或长袍，占据并维护权利的职位……他终于超越同时代人神秘主义的、人类中心的思想，使他们恢复客观的、因果的、宇宙的观念，自希腊文化鼎盛之后，人类已丧失了这种信念。

说到这些，我立刻意识到，我也染上了那种十分流行的怪癖，人们由于过分热爱自己的英雄人物而盲目，用粗犷的线条勾勒他们。很可能头脑的瘫痪从蒙昧时代起，已经缓解……陈腐的智力，传统的枷锁，无论如何不可能再长久维持下去——有没有伽利略都一样……

不应该因托勒密体系结构幼稚而对希腊天文学家们不满。他们为了表现星体的运动，使用日益复杂的抽象几何结构。在缺乏力学知识的情况下，他们竭力把一切（明显）复杂的运动转化成最简形式的运动……我们还感到伽利略对圆周运动有某种偏爱，将其视作真正自然的运动，这肯定妨碍他充分认识惯性原理及其重要性。按照惯性原理，一个不受外力作用的物体保持自身原有运动状态。

所有这些新知识已基本上含有，后来牛顿提出的理论基础至少从质量上看是如此。但是伽利略缺少的，首先是惯性原理的总体表述，虽然通过推论来确立这个原理是很容易的。他还尤其缺少这样的观念，如果一个天体的物质能在这个天体表面上促进一个坠落物的加速度，那么这个同样的物质也完全能够给另一个天体送去加速度。

　　凭借扎实可靠的论据，拒绝存在一个宇宙中心的观念，进而去除地球静止不动的观念，推而广之，再去除地球能占据一个优越的位置，一切不证自明的观念。

　　接下来，爱因斯坦列举了有关的论据。这些论据都很有力，尤其与伽利略发现的事实相符合，木星及其卫星群在我们眼前呈现出类似微型哥白尼体系的景象，但所有这些论据仍然只是一种定性……为了进一步巩固哥白尼体系，我要确定行星的"真正轨道"，这是难以想象的。在伽利略时代，这个看起来几乎不可解决的问题，却由开普勒以一种真正天才的方式解决了。这个决定性的进步未在伽利略的作品中留下任何痕迹，事实以多么荒诞的方式证明，伟大的创始者经常是

不易于被接受的。

爱因斯坦
《作品选》第五卷
1991年

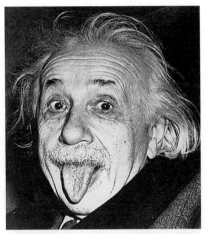

"我无论如何没法想象，为了维护相对论，我会采取类似的办法。我会对自己说，真理比我强大得多……"爱因斯坦论及伽利略的诉讼案。

伽利略的女儿

维吉妮亚是伽利略与一个威尼斯女人的非婚生女儿。因为这个，想到她尚"不可结婚"，她的父亲在她13岁时把她送入阿切特里的圣马特奥修道院。阿切特里邻近佛罗伦萨，伽利略在该镇购有一所住宅，诉讼案后被宗教法庭限制住在那里。修女玛丽亚（维吉妮亚的教名）与他父亲的书信集构成人们了解修道院内女孩子们生活的珍贵资料，她也因表达感情的细腻而令人惊讶。

1633年2月26日，伽利略刚赴罗马

从您去罗马以后，未读到您的任何亲笔信（您可以想象，我以最急切的心情等候您的来信），我决定再给您写信，告诉您这样杳无音信使我陷于极度焦虑之中……最近，花园里的葡萄长势更好了，吉赛普神父在照料它们……听说莴苣苗壮，我吩咐吉赛普在它们腐烂之前去市场卖掉……至于新近开了洞的酒精，隆迪赛利先生每天早晨都到您留下的洞口来取一点酒，他保证说，这样做还能改善这种饮料的品质，虽然它已经很令人满意了……

1633年4月20日，伽利略曾于4月12日被宗教法庭传讯

热里先生告诉我，自被宗教法庭的教廷圣职部拘押以来，您被

强制规定行动受到种种限制。一方面，这个案件使我痛苦到了极点，因为我确信您的精神不得安宁，甚至担心您被剥夺了最基本的物质需要；另一方面，在当局释放您之前，事件发展到这个阶段又是不可避免的……我安慰自己，不放弃希望，期待凭借上帝的救助，幸福的胜利结局不久会突然到来……但是首先，您必须保持勇气，不要因为过分忧虑而危害健康。

1633年5月7日

我仅仅一心想让您明白，我多么牵挂您的案件。我要向您描述，这件事对我的影响。一般来说，这种影响当然可以用子女对父母的崇敬来解释。这种崇敬可能，也应该在所有子女身上存在，但我不怕说，其影响在我身上尤其强烈，在崇敬和爱的强度方面超过了大部分女孩子，我因而感到骄傲。每次，我也有幸证实，我至亲的父亲对他女儿的爱，其强度同样超过了大多数父亲——我坚持这一点，如果您允许的话。

1633年7月2日，判决突然来临

您经受了新的折磨，这个消息对我来说是那样突然，那样意想不

阿切特里的住宅（左页图）；伽利略的女儿，玛丽亚修女（上图肖像）。

到，我所感到的痛苦，其强度几乎难以忍受。一听说最终宣告的判决控告您本人和您的著作，我心碎欲绝。

我至亲的父亲大人，时候到了，您该运用上帝赐予你的谨慎来对待这件事……

1633年7月24日

花园里的柠檬熟了，我吩咐把剩下的柠檬卖掉，从售款中取出两个里拉，我发誓，父亲，为您做3场弥撒。

图片目录与出处

《天体图》，1708年。巴黎，国立图书馆。

24-25 哥白尼的宇宙体系。载Cellariut的《天体图》，1660年。同上。

25 哥白尼像。版画。佚名画家作，18世纪。同上。

26-27 第谷·布拉赫的宇宙体系。载Cellariut的《天体图》，1708年。同上。

28 伽利略的望远镜目镜。1610年。佛罗伦萨，科学史博物馆。

28-29 上 伽利略的望远镜。1610年。同上。

28-29 下 伽利略的望远镜光学图解。载《星际使者》，1610年。巴黎，国立图书馆。

30 伽利略向威尼斯官员展示他的望远镜。Salatelli Luigi绘。佛罗伦萨，伽利略讲坛。

31 伽利略用过的望远镜和其他仪器，在圣马可大教堂平台上展出。摄影。Erich Letting拍摄。

第二章

32 《观察天象》。Donato Gneti绘。罗马，教廷美术馆。

33 伽利略的望远镜。佛罗伦萨，科学史博物馆。

34 阿波罗11号拍的月亮照片。华盛顿，美国宇航局。

35 月相变化。伽利略绘。载《星际使者》，1610年。佛罗伦萨，国立图书馆。

36-37 月亮。同上。

38-39 月亮表面的环形山。华盛顿，美国宇航局。

40 地光。同上。

41 月光。在礁上拍摄的照片。墨西哥，加利福尼亚湾。

42 银河。照片。S.Numagawa拍摄。

43 鬼宿星团（Pnaelepe）伽利略绘。载《星际使者》，1610年。巴黎，国立图书馆。

44-45 木星与木卫三。卡西尼探测器拍得的照片。华盛顿，美国宇航局。

46 木星及其卫星。伽利略绘。载《星际使者》，1610年。佛罗伦萨，国立图书馆。

46 上左 木卫二。旅行者2号探测器拍得的照片。华盛顿，美国宇航局。

46 上右 木卫一。同上。

47 左 木卫三。同上。

47 右 木卫四。同上。

第三章

48 《星际使者》卷首插画。1610年。巴黎，国立图书馆。

49 美第奇家族的科西莫二世像。油画。归诸于Cnirtogano Aeeori绘。1620年。佛罗伦萨，Fiorentino艺术品陈列馆。

50-51 佛罗伦萨景致。载G.Braun的《城市剧场》（Theatrum Urlium），1572年。巴黎，国立图书馆。

51 美第奇家族保护下出版的书籍。版本记录上标有4颗美第奇星。Pietro Cecconcelli印制。巴黎，国立图书馆。

52-53 上 斜面实验。壁画。Beyyuoei作。佛罗伦萨，动物学博物馆。

52-53 下 斜面。18世纪。佛罗伦萨，科学史博物馆。

54 在比萨大教堂顶上。照片。Enich Lelling拍摄。

55 比萨斜塔风景照。同上。

56-57 伽利略在阿切特里的房间。同上。

58 马奇尼像。铜版画。Aihille Bertarelli作。维尔市藏品。

58-59 比萨大学的Sapienga宫廷院。版画。Bruno Santocchi作。比萨大学档案室。

59 奥尔基的《驳〈星际使者〉》的标题页（细部）。1610年。佛罗伦萨，私人藏品。

60 上 1580年至1596年间火星的运动。载开普勒的《天文新星》，1609年。巴黎，天文台图书馆。

60 下 开普勒像。佚名画家作。

61 克拉维乌斯像。油画。佚名画家作，1612年。佛罗伦萨，Oyyices艺术品陈列馆。

62 上 土星环。版画。载惠更斯的《土星系》（Syotema Saturni），1659年。巴黎，天文台图书馆。

62 下 2月24日的观察。同上。

63　惠更斯像。版画。Edelinc作。

64　金星相位表象的大小顺序。伽利略绘。载《鉴金者》，1623年。佛罗伦萨，国立图书馆。

64-65　金星相位变化。合成摄影。

65　金星相位的顺序和大小比较。版画。载Camille Flammarion的《大众天文学》。巴黎，国立图书馆。

66 下　猞猁学院创办人切西像。佚名画家作。罗马，奥西尼宫。

66 上　猞猁学院院士标识。佚名画家作。猞猁学院档案室。

67　罗马圣彼得大教堂的弥撒。水彩画。佚名作家作，18世纪。巴黎，装饰艺术图书馆。

68-69　玻璃测液天平。17世纪。佛罗伦萨，科学史博物馆。

69　伽利略和科西莫·德·美第奇。壁画。Giuleppe Beyyuoli作。佛罗伦萨，Specola自然史博物馆。

70 上　伽利略的设计图。载《关于水上漂浮物或移动物的谈话》，1612年。巴黎，国立图书馆。

70 下　科隆贝攻击伽利略的书稿标题页（细部）。1615年。佛罗伦萨，载《伽利略的操作》

71　红衣主教巴贝里尼像。油画。Canavage绘，1599年。私人藏品。

72　Catena地图复制品。约1470年。佛罗伦萨，科姆拉博物馆。

73　《基督受辱》（细部）。壁画。Fna Angelico作。佛罗伦萨，圣马可博物馆。

74　沙伊纳的太阳黑子绘制术。版画。17世纪。

75 上　太阳黑子。伽利略绘。载《太阳黑子证史》，1613年。加利马档案室。

75 下　太阳黑子图像。版画。载沙伊纳的《关于太阳黑子的信》（De Macueis Solarilus），1612年。巴黎，国立图书馆。

第四章

76　伽利略像。第三幅伽利略肖像画复制品。Suntermans作，1640年。佛罗伦萨，Pitti宫。

77　伽利略在判决书原件下方画的花押。载《伽利略的操作》，第19卷。

78　克里斯蒂娜·德·洛林像。油画。Scipione Pulgone绘。佛罗伦萨，Olliceo美术陈列馆。

79　卡斯特利像。油画。佚名画家绘，1640年。同上。

80　红衣主教贝拉明像。油画。Andiea Poggo绘，罗马。

80-81　特伦托会议。提香画派绘。巴黎，卢浮宫博物馆。

82　《论毕达哥拉斯与哥白尼对地球运动、太阳稳定之意见的信》书名页。福斯卡里尼作，1615年。那不勒斯，天文台图书馆。

83　画页。摘自《关于世界七个时代的书》。15世纪下半叶。羊皮纸。布鲁塞尔，比利时王家图书馆。

84-85　罗马：人民广场景致。版画。Wouters Cavaliet作。巴黎，国立图书馆。

86-87　伽利略向罗马宗教法庭的特派员们陈述地球运动的理论。油画。佚名作家绘，1859年。意大利，Agliè堡。

88　《鉴金者》书名页。版画。Villamena作，1623年。巴黎，国立图书馆。

89　《关于两大世界体系的对话》卷首插画。伽利略作，1632年。私人藏品。

90-91　伽利略面对教廷圣职部。Joteph Rotent–Fleury绘，1847年。巴黎，卢浮宫博物馆。

92-93　伽利略诉讼案。佚名画家绘，17世纪。纽约，私人藏品。

94　摘自《关于两种新科学的谈话》手抄稿的画。1632年。佛罗伦萨，国立图书馆。

95　《关于两种新科学的谈话》手抄稿。同上。

96　伽利略的办公桌。照片。Enich detting拍摄。

见证与文献

索引部分

索引

A

B

D

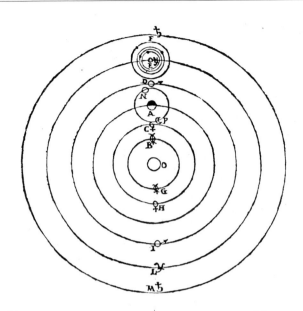

吉林省版权局著作权合同登记
图字 07-2014-4419

图书在版编目（CIP）数据

　　伽利略：星际使者 /（法）让-皮埃尔·莫里著；金志平译. — 长春：吉林出版集团股份有限公司，2018.1
　　（发现之旅）
　　ISBN 978-7-5581-2361-0

　　Ⅰ. ①伽… Ⅱ. ①让… ②金… Ⅲ. ①伽利略（Galileo 1564-1642）—传记—通俗读物 Ⅳ. ①K835.466.1-49

中国版本图书馆CIP数据核字（2017）第160095号

发现之旅

JIALILÜE XINGJI SHIZHE

伽利略：星际使者

著　　者：[法]让-皮埃尔·莫里　　　　译　　者：金志平
出版策划：刘　刚　孙　昶
项目执行：孙　昶
项目统筹：孔庆梅
责任编辑：邓晓溪　　　　　　　　　　责任校对：郭志蕾
出　　版：吉林出版集团股份有限公司
　　　　　（长春市人民大街4646号，邮政编码：130021）
发　　行：吉林出版集团译文图书经营有限公司
　　　　　（http://shop34896900.taobao.com）
电　　话：总编办：0431-85656961　　营销部：0431-85671728/85671730
印　　刷：吉林省恒盛印刷有限公司
开　　本：880mm×1230mm　1/32
印　　张：4.125
字　　数：140千字
图 幅 数：120
版　　次：2018年1月第1版
印　　次：2018年10月第2次印刷
书　　号：ISBN 978-7-5581-2361-0
定　　价：35.00元

印装错误请与承印厂联系　电话：0431-84727696